Anker in seiner Zeit

Fleissig malte er seine hübschen, köstlichen Aquarelle, welche Freunde und Liebhaber bei ihm bestellten. «Sieh, was ich wieder für Arbeit bekommen habe!» und wies dem ihn besuchenden Freund ein grobes Packpapier, an dem noch Postzeichen und Marken klebten, auf welches er bald mit Kohle oder Kreide, Rotstift oder Bleistift die Adresse der Besteller notiert hatte. Stets war er tätig, nur abends liessen ihn seine Augen nicht mehr zeichnen oder lesen. Da war es ihm eine Freude und ein Genuss, sich vorlesen zu lassen.

Aus: A. Rytz, Der Berner Maler Albert Anker, Bern 1911

ANKER IN SEINER ZEIT

Text und Bildauswahl von Sandor Kuthy

Benteli Verlag Bern

Vorwort

Hundertfünfzig Jahre nach Albert Ankers Geburt erlebt sein Werk nun wieder eine auffallende Zunahme der schon zu seinen Lebzeiten grossen Beliebtheit. Zahlreich sind die Beweise für seine Popularität. Seine Werke sind allen zugänglich, und in jedem für ihn typischen Themenkreis und in jeder von ihm angewandten Technik hat er auch für höchste Ansprüche gemalt. Wer über den einfachen Genuss des direkten Bildbetrachtens hinausgehen will, findet – vom kurzen Zeitungsartikel bis zum reichbebilderten Buch – umfassende Information und farbige Schilderungen seiner Kunst, seines Lebens und seines Charakters. All diese Publikationen sind jedoch ganz auf Anker bezogen.

Wie und was aber haben Ankers Zeitgenossen gemalt? Nicht nur Monet und Cézanne, Böcklin und Buchser, sondern auch weniger bekannte Künstler, diejenigen etwa, mit denen Anker verkehrte? Wo liegen die spezifischen Züge dieser Kunst? Welches sind die malerischen und thematischen Eigenheiten Ankers im Vergleich zu seinen Altersgenossen? Wie lebten die Künstler zu Ankers Zeit? Wie gelangten sie zu Ruhm, und was bedeutete Anerkennung damals in Paris und in der Schweiz? – Solchen und ähnlichen Fragen gehen wir hier in Text und Bild sowie in der Jubiläumsausstellung der Kunstmuseen Bern und Winterthur nach.

Wer in vereinzelten Gemälden Ankers impressionistische Züge zu finden glaubt, wer in seinen Stilleben Verwandtschaften mit Chardin und wer bei dem einen oder andern Bild Spitzwegs Humor aufzufinden sucht, der vergleicht unseres Erachtens Unvergleichbares und unterschätzt damit Ankers Grösse, glaubt er doch, dass Anker besser, grösser wäre, wenn er sich den Impressionisten – den Avantgardisten seiner Zeit – angeschlossen oder sich andern grossen Meistern angenähert hätte. Er übersieht aber auch wesentliche Züge in Ankers Malerei, so die starke und grundsätzliche Verbundenheit mit der schweizerischen, insbesondere der Neuenburger und Berner Tradition, in welcher gerade Ankers Werk einen Höhepunkt darstellt und zu deren organischer Entwicklung – von Freudenberger bis Hodler – Anker Wesentliches beigetragen hat.

Als Anker 1854 nach Paris ging, um sich zum Maler auszubilden, war für ihn der thematische Bereich – Dreiviertelporträt, mehrfigurige Genrekompositionen u.a.m. – bereits vorgezeichnet; er wusste gewissermassen schon, was er in der Folge malen würde. Die Vorbilder dazu – künstlerische Darstellungen von Themen aus dem Landleben seiner Heimat – hatte er in hiesigen Ausstellungen und Sammlungen gesehen. In Paris und anlässlich seiner Reisen nach Italien bestätigten sich allenfalls diese Vorstellungen – geändert hat er an ihnen nichts. Nur zum Handwerklichen mochten die Ausländerfahrungen beitragen; sein Meister in Paris jedoch, Charles Gleyre, war ebenfalls Schweizer. Auch die deutsche Malerei seiner Zeit – vornehmlich die Düsseldorfer Schule – dürfte bloss für einzelne Genrekompositionen inspirierend gewirkt haben (namentlich Werke des aus Genf zugezogenen Benjamin Vautier); ihre bewegte, erzählerische Art ist Ankers eher statischer Auffassung im Grunde fremd. Dokumente und Vergleiche mit anderen Künstlern sind im vorliegenden Band und in der Ausstellung mit dem Ziel zusammengetragen worden, Ankers Verbundenheit mit seinen schweizerischen Alters- und Zeitgenossen, vor allem aber seine künstlerische Eigenständigkeit zu veranschaulichen.

Wir danken den Leihgebern und allen, die unsere Forschungsarbeit hierzulande und in Paris freundlich unterstützen.

Sandor Kuthy, Bern
Rudolf Koella, Winterthur

Adolphe Bayot: Zusammenstellung des Postzuges am Bahnhof in Paris. Um 1850
PTT-Museum Bern

Auguste Bachelin berichtet über seine Reise nach Paris im April 1850 in einem Brief an seine Eltern:
«Je n'entrai pas dans les wagons: on place les diligences sans roues sur des trains de wagons, ce qui fait que l'on ne sort pas de la voiture. Le premier quart d'heure fut singulier: je ne sais dire quel tissu d'émotions passèrent en moi; c'était un assemblage de crainte, d'étonnement et de curiosité. D'abord, la machine roula avec peine; mais petit à petit elle augmenta de vitesse et arriva enfin à un tel degré que, quoique l'air fût très calme, le vent nous frappait la figure comme dans les jours de bise, au point que nous dûmes fermer toutes les ouvertures ... On peut juste compter *une, deux*, pour qu'un homme placé à dix pas dans votre rayon visuel paraisse et disparaisse ... Quand l'on passe les tunnels, il se produit un sifflement sourd semblable au bruit de vent dans la forêt ... Nous passâmes ainsi les jolies villes de Montereau, Sens, Fontainebleau, Melun ... Après ces dernières, *j'ouvris les yeux comme l'aigle qui cherche sa proie*; je regardai si bien, si bien, que je fus le premier de la voiture qui m'écriai: «Le Panthéon! Le Panthéon!» Je venais de voir une coupole saillir dans l'horizon brumeux. Effectivement, c'était le Panthéon, puis les Invalides, les tours de Notre-Dame, Saint-Sulpice, puis Paris, *couché dans la plaine comme un impur reptile.*»

Seinerzeit in Paris

Wer sich um die Mitte des 19. Jahrhunderts entschliesst, Maler zu werden, und sich zu diesem Zwecke nach Paris begibt, hat sich zuerst einmal einen «Meister» (patron) zu suchen, der gewillt ist, ihm sein Atelier zu öffnen und ihn unter Umständen zur Aufnahme an die «Kaiserliche Fachschule für Kunst» (Ecole Impériale et Spéciale des Beaux-Arts) zu empfehlen. An der Ecole werden an sich nur die eigentlichen Nebenfächer unterrichtet und Medaillen verliehen. Die künstlerische Ausbildung findet grösstenteils in den ausserhalb der Schule untergebrachten und nicht direkt von ihr abhängigen Ateliers statt und im Louvre, wo die Malerlehrlinge nachmittags kopieren. Der jeweils von seinen Vorgängern bzw. von dessen Studenten gewählte Leiter des Ateliers erscheint ein- bis zweimal, vielleicht auch dreimal in der Woche im Atelier und korrigiert die einzelnen Arbeiten seinem Temperament entsprechend eigenhändig oder bloss durch mündliche Erläuterungen. Nicht minder wichtig sind die Ratschläge der «Älteren» (anciens), denen die «Neulinge» (nouveaux) als Gegenleistung persönliche Dienste zu erbringen haben, Kohle holen, das Atelier heizen usw.; zu den Schikanen der Älteren müssen sie gute Miene machen. Die administrative Leitung liegt in den Händen des «Kassiers» (massier). Er sorgt für Modelle und anderes mehr und zieht das Studiengeld ein, dessen Höhe von Atelier zu Atelier sehr unterschiedlich ist; es wird vom Meister frei bestimmt. Da es kein einheitliches Ausbildungsprogramm gibt, erhellt das Immatrikulationsblatt der Schüler der Ecole des Beaux-Arts nur die Daten des Eintrittes und der Auszeichnungen, für den Austritt ist darauf kein Platz vorgesehen. Man kann jahrelang oder nur ein paar Monate an der Ecole oder im Atelier verweilt haben. Die höchste Auszeichnung und gleichzeitig eindeutiger Abschluss ist der «Grosse Preis der Akademie» (Grand prix de l'Institut), mit einem Aufenthalt in Rom verbunden, der naturgemäss nur sehr wenigen zuteil wird; man führt ihn wie alle anderen «Prüfungen» in Form eines Wettbewerbs (concours) durch.

Es gibt auch Lehrer, die völlig unabhängig von der Ecole des Beaux-Arts arbeiten, so etwa «le père Suisse». In der Akademie des französischen Malers Charles Alexandre Suisse (um 1810–?) am quai des Orfèvres haben sich während Jahrzehnten eine grosse Anzahl junger Leute, z. B. Cézanne, Monet, Pissarro, Sisley, auf die künstlerische Laufbahn vorbereitet.

Als Anker 1854 nach Abbruch des Theologiestudiums in Paris eintrifft, um sich zum Maler auszubilden, stellt er sich, wohl auf Anraten seiner Neuenburger Künstlerfreunde, Albert de Meuron, Jules Jacot-Guillarmod, Auguste Bachelin und anderen, dem Waadtländer Charles Gleyre vor, der bereits 1843 das ruhmvolle Atelier von Paul Delaroche übernommen hat. Ein nicht unwesentlicher Vorteil des Ateliers ist, dass Gleyre von seinen Schülern bloss eine Unkostendeckung verlangt, für seinen Unterricht aber nichts beansprucht.

Gleyre dürfte Anker so wie andere, etwa Frédérique Bazille, empfangen haben: «Wir sind in sein privates Atelier gegangen, er hat mich sehr lange angeschaut, von oben bis unten, aber er hat kein Wort an mich gerichtet. Es scheint, dass er mit allen so ist. Er ist schüchtern.»[1] Bei Gleyre hat sich Anker für die Aufnahmeprüfung an die Ecole vorbereitet und ist wahrscheinlich bis 1860 bei ihm geblieben.

Ein Jahr nach seiner Ankunft in Paris, am 11.10.1855, lässt sich Anker an der Ecole des Beaux-Arts immatrikulieren. Hier kommen dann die üblichen «Proben» (bizutages), d. h. die traditionellen, recht erniedrigenden Belästigungen, welche jeder Neuling über sich ergehen lassen muss: singen, entblösst auf einem Fuss stehen u. a. m. Während seiner Studienzeit erhält Anker an der Ecole des Beaux-Arts drei Medaillen im Figurenzeichnen.

Ob Anker auch an anderen Wettbewerben teilgenommen hat, geht aus den Archivunterlagen nicht hervor.

Gleyre und seine Schüler, welche seine künstlerischen Ideale übernommen hatten, nannte man die «Neugriechen». Für Gleyre stand das Schöne über allem, das Hässliche hingegen verpönte er. Den Realisten seiner Zeit (z. B. Courbet) konnte er nicht verzeihen, dass sie «durch die systematische Darstellung der gewöhnlichen Dinge den Publikumsgeschmack beschmutzten». Seines Erachtens war die Wiedergabe des alltäglichen Lebens nicht der Malerei würdig, es sei denn, dass solche Szenen dem Aktstudium dienten. Die reine Landschaftsmalerei konnte er ebenfalls nicht anerkennen, die Landschaft sollte nur als Umrahmung oder Hintergrund dienen. Für Gleyre war der perfekte menschliche Körper das Ideal. Als Monet ihm einmal eine Aktstudie vorlegte, sagte Gleyre: «Nicht schlecht, nicht schlecht, Ihr Ding, aber es ist dem Modell viel zu ähnlich. Sie haben da einen stämmigen Mann vor sich. Das ist hässlich. Vergessen Sie nicht, junger Mann, dass man, wenn man eine Figur malt, immer an die Antiken denken muss. Die Natur, lieber Freund, ist sehr schön als Grundlage zum Studium, aber an sich ist sie uninteressant, der Stil allein zählt.»[2] Entspricht das Modell nicht dem altgriechischen Schönheitsideal, so ist es im Unrecht!

Anker, wie auch andere Gleyre-Schüler, Bazille, Monet, Renoir, Sisley u. a. m., folgten – jeder in seiner Eigenart – dieser Auffassung nicht, doch blieben ihre Zuneigung zu Gleyre und ihre Hochachtung vor seinen menschlichen Qualitäten unverändert; Renoir nannte Gleyre den «schätzenswerten Schweizer Maler».

Unter den Kommilitonen in Gleyres Atelier – Kommilitoninnen gab es da auffallend wenige – müssen wir bei den Schweizern den Waadtländer Alfred Dumont (1828–1894) – dieser kam nach einigen Semestern an der rechtswissenschaftlichen Fakultät in Genf zu Gleyre –, unter den Franzosen Alexandre-Auguste Hirsch und insbesondere François Ehrmann erwähnen. Hirsch und Ehrmann blieben, im Gegensatz zu Anker, Gleyres Schönheitsideal verbunden, was ein menschliches Zusammentreffen selbstverständlich nicht ausschloss. Mit Hirsch teilte Anker sechs Jahre lang ein gemeinsames Atelier, sie blieben dann auch weiter in Kontakt. Ehrmann aber wurde zu seinem besten Freund. 1861, anlässlich einer Reise in Italien, rettet Ehrmann dank selbstaufopfernder Pflege das Leben seines schwerkranken Freundes; 1870 flieht Ehrmann aus dem belagerten Paris samt Familie zu Anker in die Schweiz; 1910 folgt Anker seinem zwei Monate vorher verstorbenen Freund in den Tod. Eine innige, tiefe Freundschaft, welche bis heute, bis in die dritte Generation, weiterlebt.

Ehrmann ist Elsässer. Wie Anker kommt er auf Umwegen, nach dem Studium der Architektur, zur Malerei. Sein Stil wird einen dekorativen Zug bewahren, besonders wenn er seine grossformatigen, nach mehrmals überarbeiteten Entwürfen ausgeführten Wandteppiche, mit mythologischen, symbolischen oder historischen Themen in ornamentaler Umrahmung, macht. Eine «unpersönliche, kalte Perfektion»[3] charakterisiert seine Hauptwerke, welchen aber auch ein rückwärtsblickendes Schönheitsideal, eine gewisse Grösse und ein solides Können eigen sind. Der Unterschied zu Ankers Werk ist frappant, was die Freunde nicht daran hindert, einander gegenseitig Ratschläge zu erteilen oder solche zu verlangen. Einen gemeinsamen Zug weist ihr Werk immerhin auf: die relative Stabilität des Stils.

Anker wohnt und arbeitet unweit von Gleyres Atelier (rue de l'Ouest, heute der Teil der rue d'Assas zwischen der rue Vaugirard und dem «Clos des Chartreux») im Montparnasse-Viertel: rue de la Grande Chaumière, dann rue de Notre-Dame-des-Champs, später boulevard Montparnasse (wenn er gerade nicht in Paris weilt, gibt Anker die Adresse seines Kunsthändlers an: c/o Goupil, 9, rue Chaptal). Das linke Seine-Ufer ist nicht der Wohnort arrivierter Künstler, auch nicht derjenige der Avantgardisten; die Künstler der Akademie und die Impressionisten sind vornehmlich im 17. Bezirk ansässig.

Wir wissen aus seiner noch lange nicht vollständig erschlossenen Korrespondenz, dass Anker ein gewissenhafter, fleissiger Arbeiter ist und ein ruhiges, bürgerliches Leben führt. Er steht morgens um 5 Uhr auf und malt den ganzen Tag hindurch. Um auszuspannen, geht er ab und zu ein Bier trinken, liest die Zeitung und unterhält sich mit Freunden über Politik, Literatur oder Kunst. Die Abendstunden sind meistens der Lektüre gewidmet; sie ist ausserordentlich vielfältig. Einer der wichtigsten Vorteile von Paris ist für Anker der Freundeskreis, den er jedesmal, wenn er in Ins weilt, vermisst. Häufig trifft er ausser den bereits Erwähnten auch die Geschwister Deck, Fayencefabrikanten, Léon Berthoud (1822–1857) sowie «einen Astronomen, einen phlegmatischen Wissenschaftler, der im Büro der geographischen Längen arbeitet und an der Börse spielt. Ferner einen anderen Maler, Bertrand (Jean-Baptiste, James genannt, 1823–1857), einen geordneten Jungen, ernst, arbeitsam. Er hat lange in Rom gelebt und macht es gut. Schliesslich Rougemont, der immer verspätet ankommt, weil er so beschäftigt ist. Rougemont ist Notariatsgehilfe, er studiert Jura, verlor seinen Vater, liess sich bei Garibaldi anwerben und machte unter ihm den Feldzug von Sizilien mit. Er will nach Polen. Bisher fehlten ihm die Mittel für die Reise nach Krakau. Er ist ein politisch sehr gebildeter Junge mit übertrieben ritterlichem Sinn und von feurigem Temperament. Wir ziehen ihn manchmal auf, aber wir teilen seine Ideen und neigen zur roten Republik, da die Abscheulichkeiten, die begangen werden, und die Schwerfälligkeit der Diplomaten den ruhigsten Bürger und den harmlosesten Maler verbittern. Unter uns hassen wir alle Machthaber, Despoten, Tyrannen, Diplomaten, Autokraten, Sbirren, welche wie Blei auf die Welt drücken. Kein barmherziger Wunsch von uns begleitet sie ...»[4]

Im 19. Jahrhundert bildet in Paris der «Salon» das wichtigste künstlerische Ereignis, er wird an Interesse und Anziehungskraft nur ausnahmsweise, von den Weltausstellungen (Expositions universelles), in den Hintergrund gedrängt. An gut besuchten Sonntagen empfängt der Salon bis weit über 30 000 Besucher.

Der Salon de Paris besteht seit Ende des 17. Jahrhunderts. Die Zahl der ausgestellten Werke steigt im Laufe der Zeit dermassen an, dass sie in den 50er und 60er Jahren des letzten Jahr-

Ein Saal des Salons 1852.
Fotografiert von Gustave Legray. Sammlung André Jammes

hunderts manchmal über 5000 liegt (1861 gibt es über 7000 Einsendungen!). Und dies trotz einer – immer wieder heftig kritisierten – Auswahl durch eine von der Akademie bestimmte Jury. Jeder will dabeisein und sein Bild gut plaziert haben – nicht etwa in der obersten Reihe eines vollgestopften Saales, wo man die Bilder kaum noch sehen kann! Wer in dieser Masse von Kunstwerken einmal Kritikern und Publikum auffällt, hat mehr Chancen, wieder dabeizusein und zu verkaufen – dann erst kann er sich als anerkannten Künstler betrachten.

Wie mag ein junger Maler dieses Ziel erreichen? Wagt er neue Wege, ist die Wahrscheinlichkeit, von der stark konservativen Jury abgelehnt zu werden, gross. Folgt er den bekannten Vorbildern, so kommt er in den bösen Ruf, nicht mehr als ein Epigone zu sein. Eines ist jedenfalls ausserordentlich wichtig: relativ grossformatige Bilder einzusenden, sonst bleibt man ganz sicher unbeachtet.

Anker ist 1859 zum erstenmal dabei; auch für Pissarro, Puvis de Chavannes u. a. ist dies das Jahr der Premiere. Ob er sich schon 1857 beworben hat, ist nicht bekannt. Bisher hat er nur an der schweizerischen Wanderausstellung (Turnus) teilgenommen (in Bern 1854 und 1856), am Anfang des Kunststudiums also. Nun ist er am Ende desselben angelangt und stellt sich in Paris (im Jahr darauf in Neuenburg) vor. 1859 stellt er die «Dorfschule im Schwarzwald» aus und «Die Tochter der Wirtin», ein verschollenes Bild, dessen Begleittext, eine Ballade von Ludwig Uhland, für Anker ungewöhnlich romantisch klingt. Tote Mädchen wird Anker noch in zwei grösseren Kompositionen darstellen (1862 «Die kleine Freundin», 1863 «Kinderbegräbnis»), ein Sujet, welchem man in der Malerei des 19. Jahrhunderts immer wieder begegnet.

Angesichts des – heute unvorstellbaren – Ausmasses dieser Kunstausstellungen und der sonst eher spärlichen Möglichkeiten der Begegnung mit dem Publikum ist es verständlich, dass die Veröffentlichung der Teilnehmerliste für die meisten Künstler jedesmal ein sehnsüchtig und angstvoll erwartetes Ereignis war. Gerade auch Ankers erster Salon (1859) gibt nach achtzehn Jahren Ruhe Anlass zu lauten Protestkundgebungen von Künstlern (vom Publikum unterstützt), sowohl am Ausstellungsort, vor dem Industriepalast, wie den Champs-Elysées entlang. Grund des Aufruhrs: unerklärbare Zurückweisung von Werken anerkannter Künstler (z. B. Chaplin, Millet).

Der Wirtin Töchterlein.

Es zogen drei Bursche wohl über den Rhein,
Bei einer Frau Wirtin, da kehrten sie ein:

„Frau Wirtin, hat Sie gut Bier und Wein?
Wo hat Sie ihr schönes Töchterlein?"

„Mein Bier und Wein ist frisch und klar.
Mein Töchterlein liegt auf der Totenbahr."

Und als sie traten zur Kammer hinein,
Da lag sie in einem schwarzen Schrein.

Der erste, der schlug den Schleier zurück
Und schaute sie an mit traurigem Blick:

„Ach, lebtest du noch, du schöne Maid!
Ich würde dich lieben von dieser Zeit."

Der zweite deckte den Schleier zu
Und kehrte sich ab und weinte dazu:

„Ach, daß du liegst auf der Totenbahr!
Ich hab' dich geliebet so manches Jahr."

Der dritte hub ihn wieder sogleich
Und küßte sie an den Mund so bleich:

„Dich liebt' ich immer, dich lieb' ich noch heut
Und werde dich lieben in Ewigkeit."

Im Kaiserreich Napoleons III. werden solche Bewegungen wie auch ihre Unterstützung durch Kunstkritiker im allgemeinen sehr schlecht akzeptiert. Unter den wenigen, die es wagen, eine Zensur durch die Jury des Salons öffentlich anzugreifen, ist 1861 der populäre Schriftsteller Alexandre Dumas.
Vom 15. April bis 16. Juli, während der Dauer des Salons, räumen die Gazette des Beaux-Arts, Artistes, Débat constitutionnel, Indépendance belge, Presse, Revue française, um nur einige der in Paris meistgelesenen Presseorgane zu nennen, ihren Kunstkritikern viel Platz ein, um darüber zu berichten, was ausgestellt ist. Geht es um Kunst, nicht um Kunstpolitik, ist die Kritik frei: Sie ist dann sowohl im Lob wie in der Ablehnung betont subjektiv und grenzt darin an Masslosigkeit. Auf Anker, einen der Ausländer unter der überwältigenden Zahl von französischen Künstlern, werden die Kunstkritiker ebensowenig aufmerksam wie das Publikum, weder diesmal noch in den späteren Jahren, obschon er regelmässig ausstellt: von 1859 bis 1878 jedesmal, später nur noch viermal (1880, 1882, 1883 und 1885) und, gewissermassen als Abschied von Paris, 1889 an der Schweizer Sektion der Weltausstellung, bevor er sich endgültig und ganz in Ins niederlässt und vermutlich nur noch einmal kurz in Paris weilt. Dieser nur ein paar Tage dauernde Aufenthalt hat keinen künstlerischen Charakter; Anker reist hin, um seine Enkelin Cécile abzuholen (1894).
Die Anzahl der von Anker ausgestellten Bilder an den Salons ist relativ gross. Die Avantgardisten seiner Generation z. B. können sich damit nicht brüsten, besonders im Jahr 1863 nicht! Während er in diesem Jahr gleich drei Gemälde ausstellen kann («Nach dem Gottesdienst», «Die kleine Freundin», «Satiété»), werden Cézanne, Fantin-Latour, Jongkind, Manet, Pissarro, Whistler u. a. abgewiesen. 3000 Künstler haben 5000 Werke eingesandt, von denen kaum mehr als die Hälfte von der Jury zugelassen werden. An ein vergleichbares Missverhältnis von Einsendungen und ausgestellten Werken kann sich in Paris niemand, aber auch gar niemand erinnern! Auch Anker ist unzufrieden: Er schreibt am 25.4.1863 an seine Tante Charlotte nach St-Blaise:
«Man vernimmt noch nichts Genaues über die Ausstellung. Es scheint, dass die Jury viele Landschaftsbilder und Porträts zurückschickt; man sagt, es seien Bilder aus der Provinz gekommen, welche dorthin zurückkehren werden, wo sie hergekommen sind. Es gibt jedoch jedes Jahr gute Bilder, die abgewiesen werden, wenn es gewagte Dinge sind, neue Tendenzen. Dann wird geschrien – und nicht zu Unrecht, denn die Jury setzt sich

Pariser Strassenbild um 1860 (Boulevard Poissonnière)

aus konservativen Herren zusammen, alten Kerlen mit überholten Ansichten meistens, die in vergangenen Zeiten leben und sich mit der heutigen nur insofern auseinandersetzen, als sie sich darüber beklagen.»
Nun folgt aber eine Überraschung: Der Kaiser schreitet höchstpersönlich ein, er ordnet die Veranstaltung einer Parallel-Ausstellung, des «Salons der Abgelehnten», an. Kutschen und Fiaker blockieren die Champs-Elysées. Am Tag der Eröffnung zählt man 7000 Eintritte!
Das Hauptwerk am Salon der Abgelehnten und zugleich der Auftakt für die kommenden Jahrzehnte ist Manets «Déjeuner sur l'herbe», welches grosses Aufsehen erregt – es ist ein Skandal, erntet aber auch etwas Anerkennung. «Heisst das Zeichnen? Heisst das Malen?» klingt es von der einen Seite; «Herr Manet wird eines Tages siegen», ruft eine bescheidene Zahl Verteidiger in voller Überzeugung. Ein neues, modernes Farben-, Formen- und Lichterleben gelangt unaufhaltsam – trotz vieler Hindernisse – zum erfolgreichen Durchbruch.
Auf dem Weg zur modernen Malerei bedeuten die Weltausstellung und der Salon von 1867 eine wichtige Etappe. Im Salon stellt Anker «Böckligumpen» und «Der kleine Architekt» aus, in der Weltausstellung das Bild «Der Neugeborene»; Manet

wird die Teilnahme an der Weltausstellung verweigert. Er sagt aber den Kampf an, indem er sich an der Ecke der Avenue de l'Alma und der Avenue Montaigne eine Baracke bauen lässt, wo er rund 50 Gemälde ausstellt. Die Leute kommen, viele davon nur, um zu lachen – die wenigsten tun es dann auch. Diesmal sind sie verunsichert, noch nicht begeistert, doch beeindruckt von der neuartigen Sehweise des bisher Verspotteten.
Der elegante Manet ist mit Künstlern wie Fantin-Latour und Whistler befreundet. Seine Geistesgenossen und «Fürsprecher» sind Baudelaire, Zola, Mallarmé. Sie treffen sich in Manets Atelier oder im berühmten Café Guerbois. Auch Degas und Sisley gehören zu Manets Freundeskreis sowie die kleine Gruppe von vier ehemaligen Gleyre-Schülern: Bazille, Renoir, Monet und Pissarro.
Anker hat weder zum Kreis der Anerkannten (Cabanel, Gérome, Bonnat, Puvis de Chavannes, Carolus Durand usw.) noch zu demjenigen der Avantgardisten Kontakt. Seine Künstlerfreunde sind die Bildhauer Charles Cordier (1827–1905) und Alexandre Oliva (1823–1890), der Landschaftsmaler Charles Gosselin (1834–1892) und die Schweizer Gustave Roux, Alfred Dumont, Léon Berthoud, Charles-François-Marie Iguel, Albert de Meuron, Auguste Bachelin, vor allem aber

Edouard Manet: Das Frühstück im Freien. 1863
Musée du Louvre, Paris

1863 am Salon der Abgelehnten
bewundert und geschmäht

Anker: Die kleine Freundin. 1862
Kunstmuseum Bern/Staat Bern

1863 am Salon ausgestellt

Alfred Dumont: Anker 1865 in Stans
Musée d'Art et d'Histoire Genève/Legs Alfred Dumont

der Elsässer François Ehrmann. Es sind Künstler, welche sich traditioneller Formensprachen bedienen, der Retrogarde angehören. Keiner von ihnen erregt Aufsehen oder gelangt zu Ruhm, ausser in einem eng begrenzten Kreis. Allein Anker wird grosse Popularität schon zu Lebzeiten zuteil, doch beschränkt sie sich auf die Schweiz.

Ausser den Salons gab es in der zweiten Hälfte des 19. Jahrhunderts in Paris für zeitgenössische Kunst weitere ständige oder gelegentliche Ausstellungsmöglichkeiten. Es waren dies Gelegenheiten, namhaften, älteren Künstlern Anerkennung entgegenzubringen, Ausstellungen mit Förderungscharakter für Vertreter neuerer Tendenzen oder Veranstaltungen mit kommerziellem Zweck. Dazu ein paar Beispiele.

1867, das Weltausstellungs- und Salonjahr, brachte ein Höchstmass an künstlerischen Anlässen mit sich. An der Ecole des Beaux-Arts findet eine umfangreiche Retrospektive des siebenundachtzigjährigen Ingres statt; der Cercle des Arts zeigt rund 90 Werke von Théodore Rousseau (kurz vor dem Tod des Künstlers); Courbet und Manet lassen sich an der Place de l'Alma je eine provisorische Baracke für Protest-Ausstellungen aus eigenen Werken konstruieren (für Courbet eine Wiederholung, in grösserem Ausmass, des Pavillons «Der Realismus», seiner Privatausstellung von 1855); in Barbizon findet die erste freie Kunstausstellung ohne Jury mit freiem Eintritt – in einer Scheune – statt.

Bei der Förderung zeitgenössischer Strömungen spielte in den 60er Jahren die Galerie des Malers Louis Martinet (1810–1894) eine besondere Rolle. Martinet stellte im Hotel Hertford, 26, boulevard des Italiens, Werke von Delacroix, Corot, Bonington, Manet u. a. aus. Seine Zeitschrift «Le Courrier artistique» berichtete nicht nur über die bildenden Künste, sondern auch über Musik, Theater, Kunstgewerbe usw. Ankers Hinweis von 1861, er könne sein Gemälde «Die Strickschule» von der Ausstellung am Boulevard nicht rechtzeitig für den Salon zurückerhalten, dürfte sich auf Martinets Galerie beziehen, ebenso wie der Verkauf der «Strickerinnen» für die «Loterie du Boulevard des Italiens» im gleichen Jahr.

Die Versteigerung von Privatsammlungen oder Künstlernachlässen im Hotel Drouot bot ab und zu auch Gelegenheit zu Ausstellungen zeitgenössischer Kunst, doch von grösserer Bedeutung war die regelmässige Tätigkeit von Kunsthändlern, wie diejenige des Amerikaners Georges A. Lucas oder der Familiendynastie Goupil.

Lucas suchte Anker zwischen 1864 und 1876 des öftern auf.

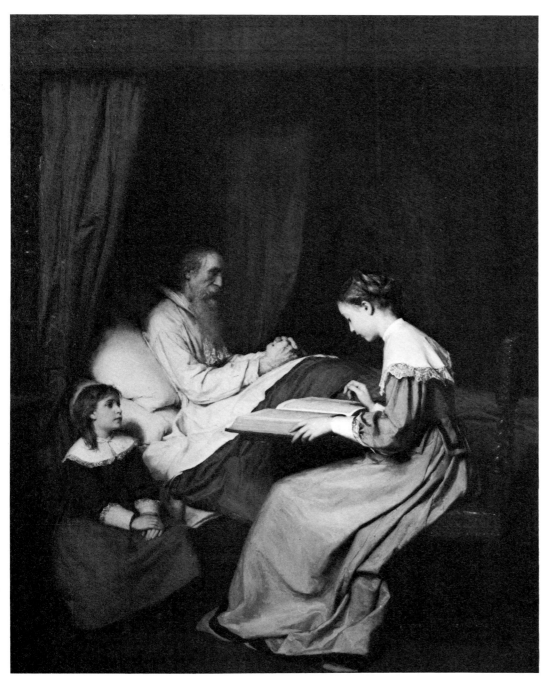

Anker: Der alte Hugenotte. 1875

1869 bestellte er bei Anker zwei Kinderbildnisse für einen Auftraggeber. Anker verlangte Fr. 400.– Vorschuss. Zwei Monate später stellte sich ein Missverständnis heraus: Anker malte breit- anstatt hochformatige Bilder. Nun hielt er nach andern Sujets Ausschau und konnte zwei Monate später die beiden kleinformatigen Gemälde («Château de cartes» und «Convalescence») für insgesamt Fr. 800.– abliefern. Die Bilder beendete er, eine Woche nachdem der Kunsthändler ihm die Rahmen besorgt hatte.

Wichtiger ist Ankers Verbindung zur Kunsthändler-Dynastie Goupil (1827 gegründet durch Adolphe Goupil, geb. 1806 in Paris). Ankers Verkaufsbüchlein, einzigartige Quelle sowohl als Werkverzeichnis wie auch vieler alltäglicher Geschehnisse, zeugt von jahrzehntelangen regelmässigen Kontakten. Goupils dynamische Geschäftspolitik hat nebst dem verkaufsfördernden Effekt noch weitere Auswirkungen für seine Künstler. So vermittelt er z. B. 1866 «Das Winzerfest» von Anker an die «Exposition de la Société artistique des Bouches du Rhône» in der Galerie de l'Union des Arts in Marseille.

Durch Goupil kam es dazu, dass, wohl als einziger nicht traditionsgebundener Künstler seiner Zeit, Vincent van Gogh auf Anker aufmerksam wurde. Bekanntlich war van Gogh 1869 bis 1876 Mitarbeiter von Goupil, zuerst in Den Haag, dann in London, schliesslich 1874–1876 in Paris. Aus van Goghs Korrespondenz geht eindeutig hervor, dass er Ankers Malerei nicht nur kannte, sondern auch schätzte:

«Ich schreibe Dir einige Namen auf von Malern, die ich besonders liebe.

Scheffer, Delaroche, Hébert, Hamon, Leys, Tissot, Lagye, Boughton, Millais, Thijy Maris, de Groux, de Braekeleer jr., Millet, Jules Breton, Feyen-Perrin, Eugène Feyen, Brion, Jundt, George Sall, Israels, *Anker,* Knaus, Vautier, Jourdan, Compte-Calix, Rochussen, Meissonier, Madrazzo, Ziem, Boudin, Gérôme, Fromentin.

Decamps, Bonington, Diaz, Th. Rousseau, Troyon, Dupré, Corot ...

Aber ich könnte wer weiss wie lange fortfahren, und dann kommen noch all die Alten, und ich bin sicher, dass ich verschiedene von den besten Neuen vergessen habe.»[5]

Es ist möglich, ja sogar wahrscheinlich, dass Anker dem Vertreter seines Kunsthändlers auch persönlich begegnet ist, namentlich im Juni 1875, als Goupil Ankers Gemälde «Protestantische Flüchtlinge» im Salon erwarb und van Gogh es kurz darauf seinem Onkel, Vincent van Gogh, Kunstsammler in Prinsenhage (Holland), weitervermittelt hat: «Das Bild von Anker ‚Un vieux huguenot', wovon die Photographie in dem bewussten Päckchen ist, habe ich an Onkel Vincent verkauft, der vor ein paar Tagen hier war», schreibt er seinem Bruder Théo am 29. dieses Monats. Ist eine persönliche Begegnung zustande gekommen, dürfte sie für Anker dennoch kaum von Bedeutung gewesen sein; van Gogh hat sich ja erst 1880, sechs Jahre später, für die Künstlerlaufbahn entschieden und war zu jener Zeit ein junger Kunsthändler-Geselle. Van Gogh hielt sich zwischen März 1886 und Februar 1888 dann wieder in Paris auf; er wohnte bei seinem Bruder Théo, welcher seit 1882 Leiter von einem der drei Goupil-Geschäfte in Paris war. Als Förderer von Degas, Gauguin, Monet, Pissarro u. a. ist Théo an Malern von der Art Ankers wenig interessiert. Der Eintritt von Théo van Gogh in die Geschäftsleitung bedeutet offenbar eine Neuorientierung der Goupilschen Kunstpolitik; jedenfalls verschwindet schlagartig die Galerie Goupil von der Liste der Käufer von Anker-Bildern.

Es besteht kein Hinweis darauf, dass sich Anker und van Gogh um 1887, diesmal als Malerkollegen, begegnet wären. Immerhin schreibt van Gogh im Herst 1882 an seinen Malerfreund Anthon van Rappard: «Ich erzählte ..., dass ich in einer Aquarellausstellung war, wo viele Italiener waren. Vortrefflich, vortrefflich – und dennoch liessen sie bei mir ein Gefühl der Leere zurück, und ich sagte zu meinem Bruder: «Mein Lieber, was war das doch für eine schöne Zeit in der Kunst, als die Künstler vom Elsässer-Club anfingen, Vautier, Knaus, Jundt, Georges Saal, van Muyden, Brion, vor allem. Anker, Th. Schuler ... ja, ganz gewiss sind die Italiener tüchtig, aber wo ist ihr Sentiment, ihr menschliches Gefühl?»; und er erkundigt sich im nächsten Jahr bei seinem Bruder Théo: «Lebt Anker noch? Ich denke oft an seine Arbeiten, ich finde sie vorzüglich und so fein empfunden. Er ist noch ganz vom alten Schlag, so wie Brion.»

Eine auch in künstlerischer Hinsicht wichtige Freundschaft hat Anker mit den Geschwistern Deck verbunden. Theodor Deck, Wortführer des Familienunternehmens «Fayences d'art» in Paris, verbrachte die Lehrjahre in seiner Heimatstadt Strassburg (1841/44), darauf folgten drei Wanderjahre in verschiedenen deutschen Städten sowie in Budapest und in Prag, bevor er sich 1847 endgültig in Paris niederliess. Hier eröffnete er 1858 seine eigene Fabrik und fand in den ehemaligen Gleyre-Schülern Anker, Ehrmann, Hamon u. a., wie Benner, Colin, Mitarbeiter, welche seinen neuen technischen Erkenntnissen künstlerische

Gustave Brion: Eine protestantische Hochzeit. 1869

Benjamin Vautier: Auf dem Standesamt. 1877

Anker: Die Ziviltrauung. 1887
Kunsthaus Zürich/Zürcher Kunstgesellschaft

Gestalt geben konnten. Anker stand mit den Deck-Geschwistern 1866–1894 in ständigem geschäftlichem und freundschaftlichem Verhältnis, welchem auch seine Rückkehr 1890 nach Ins, zumindest als Einnahmequelle, vorerst kein Ende setzte (die letzte Abrechnung erfolgte 1905).

Wir erwähnten zuvor, auf Anker seien in Paris weder die Kunstkritiker noch das Publikum aufmerksam geworden. Nun könnte man dieser Behauptung entgegenhalten, dass er verschiedene Auszeichnungen erhielt, dass Bilder von ihm durch die staatliche Ankaufskommission erworben wurden und dass er seinen Lebensunterhalt nicht zuletzt dank regelmässigen Ankäufen durch den grössten Kunsthändler von Paris, Goupil, sichern konnte.

Es ist tatsächlich so, dass die Verleihung der Medaille für die darauffolgenden Jahre die bedingungslose Teilnahme am Salon sicherte und dass sich das Augenmerk von Sammlern und Kunsthändlern auf den Künstler richtete. Im Falle Anker – ihm war sie 1866 verliehen worden – besteht aber kein direkter Zusammenhang: Die Ankäufe von offizieller Seite in Frankreich setzten bereits vorher ein:

1859 erwirbt die Ankaufskommission «La fille de l'hôtesse»
1863 das Ministerium «Sortie d'église»
1867 das Kunstmuseum in Lille «Dans le bois» (es ist eines der beiden Bilder, für welche Anker die Medaille erhielt; das andere Gemälde geht zu Goupil).

Wir besitzen von Anker eine aufschlussreiche Zusammenstellung seiner Einkünfte, aus welcher ersichtlich ist, dass weder die Medaille 1866, noch die Ernennung zum Ritter der Ehrenlegion 1878 (eine Auszeichnung, welche z.B. ein bereits medaillierter Künstler erhielt) seine Bilderverkäufe direkt beeinflusst haben. Ab 1863 kann er von seiner Kunst leben; es ist das Jahr, in welchem Goupil ihn – vor der Anerkennung im Salon – «entdeckt». Ankers Jahreseinkommen variiert dann bis 1880 zwischen 2350 und 14 715 Franken, im Durchschnitt sind es rund 8700 Franken. Um 1874 entspricht dies dem Verdienst eines Arztes in einem bürgerlichen Viertel von Paris (wogegen z.B. ein Beamter am Hôtel de Ville nur 1500 Franken verdient).

Vergleichen wir nun den Preis einzelner Bilder:
1874, anlässlich der ersten Ausstellung der Impressionisten, werden verkauft:

Monet: «Impression, soleil levant»	1000
Cézanne: «La maison du perdu»	200
im gleichen Jahr Anker: «Femme lacustre»	1200
für ein Bildnis in Öl verlangen:	
Anker	400
Renoir	1000
Carolus Durand	25000
Bonnat	50000

Ankers finanzielle Situation, ein wesentlicher Gradmesser der ihm zuteil werdenden Anerkennung, ist also mit derjenigen nicht arrivierter Künstler vergleichbar; er gehört immerhin zu denen, die ihren Lebensunterhalt mit der Malerei verdienen können. Seine Kunst wird aber auch nie zum Gesprächsthema, weder im positiven noch im negativen Sinn. Die Tatsache, dass seine Werke hier und dort besprochen werden, darf man nicht überbewerten.

Anker: Die Prophetin Deborah. Um 1870
Fayence

François Ehrmann: Kleopatra
Fayence

Anker: Schlafendes Mädchen im Walde. 1865
Musée des Beaux-Arts Lille. Ausgestellt am Salon 1866 (Goldene Medaille)

Anker: Schreibunterricht. 1865
Ausgestellt am Salon 1866 (Goldene Medaille)

Anker: Strasse in Ins
Kunstmuseum Bern

Seinerzeit in Ins

Wenn auch Ankers Kunst in Paris auf kein grosses Echo stösst, so lässt die Anerkennung in der Heimat doch nicht lange auf sich warten. Warum verweilt aber Albert Anker über 30 Jahre halbjährlich in Paris? Warum kehrt er nach Abschluss des Malereistudiums nicht in die Schweiz zurück? Sein Altersgenosse und Malerkollege Rudolf Koller gibt auf diese Frage in einem Brief an Frank Buchser 1864 indirekt Antwort: «... unsere Kunstzustände sind miserabel, das grosse Publikum ist gleichgültig, die Vereine sind kleinlich und nichtssagend und dienen nur der Mittelmässigkeit; wir haben sehr wenige Sachverständige und Liebhaber, und diese wagen nicht, mit einer offenen Sprache zu kommen. Wir haben keine Lokale, wo Kunstwerke gehörig ausgestellt werden können. Von oben herab wird sozusagen nichts getan, kurz und gut, Kunst hat noch keine Heimat in unserem Vaterland. Daher kommt's, dass die talentvolleren tüchtigen Schweizer Künstler im Ausland ihr Brot verdienen müssen, und wie schwer ist es dort, sich als Fremder über die Einheimischen hindurchzuschwingen...»[6] Eine düstere Analyse, die der Historiker vielleicht nuancieren mag, aber kaum grundsätzlich widerlegen kann. Albert Anker wählt Paris, Böcklin Deutschland und Italien – und sie sind nicht die einzigen!

Neben der Suche nach einer künstlerisch fruchtbaren, befriedigenden Umgebung haben das Brotverdienen und die anregende Atmosphäre Anker in Paris zurückgehalten, «tausend verschiedene Eindrücke» und ein «dauernder Wettkampf» regen ihn dort an. Man kann sich in der Tat kaum einen grösseren Kontrast vorstellen als denjenigen zwischen dem Leben in Ins und demjenigen in Paris vor 100 Jahren! Eine grundsätzliche Veränderung der künstlerischen Verhältnisse in der Schweiz vollzieht sich aber gerade in der Zeit von Albert Anker. Die glückliche Entwicklung ist nicht zuletzt dem unbequemen Frank Buchser zu verdanken, dessen Bestrebungen zum Teil auch von Anker unterstützt werden: Mit der Veranstaltung der ersten Nationalen Kunstausstellung der Schweiz, mit Wettbewerben für Kunstdenkmäler; mit der Institutionalisierung eines jährlichen Ankaufskredites weiht die Eidgenossenschaft 1890 eine neue Zeit öffentlicher Kunstpflege hierzulande ein.

Anker kehrt seinem Heimatdorf nie für mehr als einige Monate den Rücken; hingegen behält er immer, wenn er in der Schweiz weilt, zwei «Fenster» offen: eines in Richtung Neuenburg, das andere in Richtung Bern. «Neuenburg ist der einzige Ort, wo er immer gut behandelt wurde! Auf Bern ist er nicht gut zu sprechen!» Buchser übertreibt sicherlich, was Bern betrifft, eine Vorliebe zu Neuenburg ist aber unzweifelhaft.

Die Schuljahre (1836–1849), die ersten Kunsterlebnisse (die Neuenburger Ausstellungen ab 1842), die ersten fürs Leben geschlossenen Freundschaften (Auguste Bachelin, Léon Berthoud, Albert de Meuron u.a.m.) bilden bleibende Wurzeln. Seine beispiellose Treue zu den Neuenburger Ausstellungen ist das klarste Bekenntnis. Ausser dieser öffentlichen Verbindung mit der Stadt dominieren persönliche Bande, insbesondere zu den Neuenburger Künstlern. 1890, als er aus Paris wegzieht, richtet er sich hier eine Wohnung ein, «um ein pied-à-terre zu haben, wenn wir nach Neuenburg gehen».[7]

Beziehungen zum andern «Fenster», Bern, hat Anker in der Gymnasialzeit geknüpft. Hier fand sein erster Museumsbesuch statt, hier war er als Grossrat, als Jury-Mitglied der nationalen Kunstausstellungen, als Ehrenmitglied der Bernischen Kunstgesellschaft usw. tätig, hier nahm er auch zum erstenmal an einer Ausstellung teil (1856).

In Bern fanden ab 1804 alle zwei bis drei Jahre Kunstausstellungen statt, 1840–1895 der Turnus des Schweizerischen Kunstvereins, ab 1897 alljährlich die Weihnachtsausstellungen bernischer Künstler, ausserdem fanden im Berner Kunstmuseum die ersten drei Nationalen Kunstausstellungen der Schweiz statt (1890/92/94). All diese Veranstaltungen wurden, ähnlich dem Pariser Salon, immer stark kritisiert, besonders auch der Turnus seitens namhafter Künstler, welche ihn zunehmend boykottierten, da sie ihre Werke nicht neben solchen von ausgesprochenen Dilettanten gehängt haben wollten. Dem weitgereisten Frank Buchser ist die Schaffung der nationalen Ausstellungen, die Einführung der Jurierung durch Künstler und die Kunstförderung seitens der Eidgenossenschaft überhaupt zu verdanken. Sein 1864 begonnener Kampf führte zwar erst 1890 zum Ziel, doch liegt – ebenfalls Buchsers Verdienst – auch die Gründung der Gesellschaft Schweizerischer Maler und Bildhauer (1866) in dieser Zeit, eine nicht zu unterschätzende Errungenschaft der langen Kampfperiode, in welcher die Schweizer Künstler sehr oft zerstritten waren. Anker ist in manchem kritischen Moment dabeigewesen. Er wurde von Buchser als «ein sehr angenehmer und sehr einfacher, guter Bürger» beurteilt (1887). Der Bundesrat seinerseits wählte Anker, in Anerkennung seiner menschlichen und künstlerischen Qualitäten, zum Mitglied der Eidgenössischen Kunstkommission, der Eidgenössischen Kommission der Gottfried-Keller-Stiftung u.a.m.

Ausser diesen mehrere hundert Werke umfassenden Ausstellungen gab es in der zweiten Jahrhunderthälfte in Städten wie

Alfred Dumont: Die Familie Anker. 1870
Musée d'Art et d'Histoire Genève/Legs Alfred Dumont

Dargestellt sind von links nach rechts: Anna-Mareili Anker, die Tante des Künstlers, Frau Anna Anker, die fünfjährige Louise und Albert Anker in Ins

Das Anker-Haus in Ins um 1900

Basel, Zürich und Bern die sogenannten «Permanenten», auf einen Saal beschränkte Ausstellungen in permanentem Wechsel in den allmählich entstehenden Museen: bald Werke verschiedener Künstler, bald eine Einzelschau. Mancher Künstler verstand es, selber monographische Ausstellungen zu veranstalten, so der Solothurner Buchser, der bei Kunsthändler Appenzeller in Zürich (1872), im Hotel Schweizerhof Basel (1880), im eigenen Atelier in Feldbrunnen (1881), im Bernerhof in Bern (1882, aber auch in anderen Jahren, wenn die Bundesversammlung hier tagte) usw. ausstellte. Albert Anker hielt sich strikte an die jedem Künstler freistehenden kollektiven Veranstaltungen. Zu Lebzeiten fand keine Einzelausstellung seiner Werke statt, obschon er daraufhin wiederholt angesprochen worden war, namentlich 1901 und 1908, als ihn die Berner bedrängten, er aber aus Bescheidenheit entschieden ablehnte.

Mit Verkäufen hatte Anker nie Schwierigkeiten, was durchaus keine Selbstverständlichkeit ist. Früh erwarben die öffentlichen Kunstsammlungen von Bern, Neuenburg, La Chaux-de-Fonds usw. bedeutende Kompositionen, und auch Privatsammlungen interessierten sich in stets zunehmendem Mass um seine Werke. Nach der Rückkehr in die Schweiz 1890 war während rund zehn Jahren der Verlag Zahn seine regelmässigste Einnahmequelle. Zahns Zähigkeit sind die Gotthelf-Illustrationen von Anker zu verdanken. Am 20. September 1892 notierte Anker in sein Verkaufsbüchlein: «Entamé l'argent du terrible Zahn.» Wir wissen, wie ungern Anker die Gotthelf-Illustrationen gemacht hat.

Ab 1900 ist er mit Bestellungen von Aquarellen dermassen überhäuft, dass monatelange Wartezeiten entstehen; vorrätig hat er nichts. Das Standardformat in den letzten zehn Jahren ist 35 × 25 cm, der Preis Fr. 100.– das Stück (ohne Rahmen); er verkauft im Durchschnitt 80 Aquarelle pro Jahr. «Ich habe das Glück, trotz meines hohen Alters arbeiten zu können, und das mit Freude. Wenn ich nach der Natur malen kann, bin ich ebenso froh als in meinen jungen Jahren. Ich kann aber Ihnen diese Arbeit nicht gleich schicken, ich brauche dafür ziemlich Zeit, und dann behalte ich sie auch gerne ein wenig. Wenn ich sie eine Zeitlang vergesse, sehe ich sie mit frischen Augen und sehe auch viel besser, was ihnen fehlt»[8], schreibt er, wenn er von grossen und kleinen Sammlern Bestellungen erhält.

Über die Kunstsammlungen in der ersten Hälfte des 19. Jahrhunderts in der Schweiz wissen wir wenig. Die Zahl der bekannten Privatsammler nimmt dann aber rasch zu und damit auch das den Sammlern entgegengebrachte Interesse: Kunstmuseen veranstalten Gemäldeausstellungen aus Privatbesitz, z.B. in Zürich (1847 usw.), in Bern (1866, 1889 und 1896). Die Sammler kaufen nicht nur in Ausstellungen oder bei den Kunsthändlern, sondern sie bestellen auch direkt bei den Künstlern, so z.B. einer der grössten Basler Privatsammler, La Roche-Ringwald, dem auf diese Weise drei der letzten mehrfigurigen Kompositionen Ankers zu verdanken sind: 1887 «Die Ziviltrauung», 1890 «Die Kinderkrippe», 1891 «Der Geltstag».

1901, anlässlich des 70. Geburtstages von Anker, merkt man vielleicht am schönsten, wie allgemein verbreitet Zuneigung und Hochachtung sind, die ihm entgegengebracht werden: «Mit vollem Rechte schweifen deshalb am heutigen Tage unsere Gedanken hinüber in das stattliche Bauerndorf im bernischen Seelande, wo der Meister vor so vielen Jahren in einem jener behäbigen und heimeligen, mit mächtigem Strohdach gedeckten Häuser seine Arbeitsklause eingerichtet. In einem solchen Hause ist es gut wohnen: es ist warm und gemütlich, und unter dem riesigen Dach ist Platz für den reichgefüllten Speicher, für Korn und Früchte aller Art. Kein moderner Luxus erinnert an das verwöhnte, hastende Leben der Grossstadt; kein Zeuge überreizten perversen Genusses stört den traulich stillen Eindruck jener Stuben. Wohltuend und heimelig, einfach, aber inhaltsreich wie ein solches Haus ist die Kunst unseres Meisters ...»[9]

Aus dieser ruhigen Stätte fleissiger Arbeit zieht Anker zu Kommissionssitzungen – vornehmlich in den 90er Jahren – häufig aus, aber auch, um andere Gesichter für seine Bilder zu suchen oder um Freunde zu besuchen. Er selbst führt auch ein offenes Haus, und die Freundes- und Bekanntenschar, welche zu ihm nach Ins kommt, ist ungezählt. Albert Dumont skizziert 1870 die Familie Anker an einem Gartentisch beim Essen.

Kritiker und Berichterstatter lassen Anker selten unerwähnt. Am eindrücklichsten schreibt der Neuenburger Philippe Godet über seine Kunst: «Das grosse Talent von Anker liegt nicht so sehr in seinem Malgeschick, obschon dieses äusserst beachtenswert ist, als vielmehr in der eindringlichen Gewandtheit seiner Psychologie. Durch sie hat er das Publikum erobert: weil die Leute ihm dankbar sind für alles, was sie in diesen aufschlussreichen Physiognomien entdecken können. Die Menschenkenntnis des Seeländer Malers wird noch hervorgehoben durch den Humor, den sowohl spitzen wie gutmütigen Witz, den jeder kennt, der auch nur eine Viertelstunde mit Anker geplaudert hat. Sein Pinsel weiss Feinfühligkeit mit Heiterkeit zu vereinen.»[10]

---

[1] Brief von Bazille an seine Eltern, Nov. 1862, in: F. Daulte: F. Bazille et son temps, Genève 1953, p. 27

[2] Vgl. F. Daulte op. cit. p. 29–31. Auch Anker schreibt über Gleyre in: Ch. Clément: Gleyre. Etudes biographiques et critiques. Paris 878

[3] P. Vaisse: François Ehrmann, in: Bulletin de la Société de l'Histoire de l'Art Français, année 1975 chez F. de Nobele, Paris 1976, p. 341–361

[4] Brief von Anker aus Paris an Madame Charlotte Anker vom 7.3.1863, vgl. M. Quinche-Anker: Le peintre Anker d'après sa correspondance, Berne 1924, p. 86

[5] Vincent van Gogh an seinen Bruder Théo, London, Januar 1874

[6] Vgl. G. Wälchli: Frank Buchser, Zürich 1941, p. 105

[7] Brief an Durheim, 5.6.1890, in: H. Zbinden: Albert Anker in neuer Sicht, Bern 1961, p. 51

[8] Brief an Colonel Ed. Jacky, 8.6.1908, in: H. Zbinden: a.a.O., p. 78 – steht stellvertretend für viele andere ähnlichen Inhalts

[9] or: Zum 70. Geburtstag Maler Ankers, in: Berner Tagblatt, 3.4.1901

[10] In: La Suisse libérale, 4.5.1899

Zu den typischen Anker-Themen

Traditionsverbundenheit und Neuartigkeit

Porträt, Genreszene, historische bzw. religiöse Komposition, Stilleben, in Aquarell das Porträt und die Landschaftsdarstellung (inkl. Stadtansicht) sind – in dieser statistischen Reihenfolge – Ankers übliche Bildthemen. Aussergewöhnliche Werke, im Vergleich zum eigenen Werk und zu demjenigen seiner Zeitgenossen, hat er in verschiedenen Genres gemalt; wir gehen in der Folge aber nur auf solche Werkgruppen ein, in welchen er in thematischer Hinsicht oder in der Art der Auffassung Neuartiges geschaffen hat:
– in der Porträtmalerei das Ankersche Dreiviertelporträt und das Kinderbildnis
– in der Genreszene die vielfigurige Komposition
– in den übrigen Themenkreisen das Stilleben, welches er ausschliesslich dem täglichen Brot widmet.

Wir versuchen aufzuzeigen, inwiefern Anker an vorhandenen Traditionen in der Schweizer Malerei anknüpft (dies vornehmlich anhand solcher Beispiele, von denen wir wissen, dass Anker sie gekannt hat) und was er zur Weiterentwicklung dieser Traditionen beigetragen hat. In diesem Sinn verzichten wir hier auf eine Besprechung der Landschaftsaquarelle oder der Beispiele klassischer Bildnismalerei, ohne zu vergessen, dass sich auch unter diesen Werke von höchster Qualität befinden.

Anker war gegenüber den Änderungen, welche er miterlebt hatte, skeptisch: «Es interessierte mich, die Ausstellung zu sehen, wie verschieden von den Ausstellungen von 1850!» – schreibt er 1904 – «Damals waren Calame und seine Schule allmächtig. Die Neueren haben das Licht und die Farbe schön und gründlich studiert, was man ihnen aber vorwerfen kann, ist, dass der Schulsack ihnen fehlt, sie machen keine gründlichen Studien der Figur, es genügt vielen, wenn sie schöne angenehme Töne auf die Leinwand bringen können. Ich frage mich oft, ob Holbein und Raphaël mit der Zeit auch noch aus den Museen eliminiert werden, denn die Mode ändert furchtbar!»[1]

Anker war wohl mit dem «alten Goupil» einig, als er dessen Grundprinzip zitierte: «Je me souviens d'une plainte du vieux Goupil qui disait que les peintres nouveaux ne font plus des tableaux à graver; les œuvres les plus fêtées ne font plus, disait-il, des gravures intéressantes, et pour lui, c'était le critérium d'un tableau. – Il existe un ouvrage, histoire de l'art, je crois de Réveil, qui donne au trait les tableaux les plus fameux de la Renaissance, eh bien, il est étonnant de voir tout ce qui reste de ces tableaux, on y reconnaît la conception du sujet, son arrangement, le plus ou moins de goût et de sentiment. Comparez à cela un paysage bien moderne reproduit au trait, il n'en reste pas bien grande chose. Ce critérium du père Goupil condamnerait le paysage!»[2] Der «Schulsack», d.h. in Ankers Fall das gründliche Studium der Figur – das zeichnerische Element –, ist eben das, was auch vom guten «alten Schlag» (van Gogh) herrührt. Die Zielsetzung der Modernen, z.B. der Impressionisten, anstatt der Zeichnung das Licht und die Farbe in den Mittelpunkt ihrer Malerei zu rücken, konnte Anker nur als «Fehlen des Schulsackes» verstehen, so grundsätzlich war für ihn die «Figur».

Anker sieht seine eigene künstlerische Entwicklung 1868 bereits als abgeschlossen an; weder thematisch noch in der Malart wird er sich – abgesehen von wenigen Ausnahmen – nunmehr ändern.

Vom «alten Schlag» zu sein bedeutet für Anker ausser der soliden Kenntnis des Handwerklichen auch die thematische Verankerung in der Maltradition – z.B. der Berner Kleinmeister; bei der Beurteilung der Jüngeren gilt für ihn das gleiche Kriterium (vgl. seine Aussagen über Kaiser und Hodler). Anker zeichnet sich durch die konsequente, reich variierte Behandlung einiger für ihn typischer Themen aus und insbesondere durch das psychologische Interesse, welches er den Dargestellten entgegenbringt. Dadurch unterscheidet er sich sowohl von dem typusgestaltenden Realismus eines Millet, des Malers der mühevollen Arbeit auf dem Acker (van Gogh: «plus qu'aucun autre un peintre de l'humanité»), wie auch von den zahlreichen Porträtmalern seiner Zeit, etwa Dietler in Bern oder Bonnat in Paris.

Wir untersuchen nun gesondert die typischen Themenkreise aufgrund von Vergleichen mit früheren Werken, z.B. solchen, die Anker im Kunstmuseum Bern um 1850 oder in den Neuenburger bzw. Berner Ausstellungen zwischen 1842 und 1850 gesehen hat, in der Zeit also, in der es sein Traum war, Maler zu werden, in der er die malerischen Feinheiten zu beurteilen vielleicht noch wenig fähig war, sein Augenmerk aber um so mehr auf die Thematik zu konzentrieren vermochte.

---

[1] Anker an Volmar, 16.3.1904, vgl. Zbinden: a.a.O., p.60
[2] Anker an Godet, 17.5.1889, vgl. Zbinden: a.a.O., p.64 – Goupils Standpunkt ist verständlich, er war nicht nur als Kunsthändler, sondern auch als Verleger von druckgraphischen Blättern, Wiedergaben von Gemälden tätig.

Das Dreiviertelporträt

Die wenigen Schweizer Maler, die um die Mitte des 19. Jahrhunderts sich den Lebensunterhalt mit der Malerei sichern konnten, haben dies in erster Linie dank zahlreicher Bildnis-Aufträge tun können. Anker wollte ausdrücklich kein Bildnismaler werden. Es ist ihm gelungen, – nebst einer Anzahl von Bildnissen traditioneller Art –, einen eigenständigen Typus zu entwickeln: das Dreiviertelporträt in Halb- oder Ganzprofil; die oder der Dargestellte, in statischer Haltung stehend oder sitzend, ist mit etwas beschäftigt oder hält einen seinem Status entsprechenden Gegenstand in der Hand (Zeitung, Bibel, Schultasche, ein Glas Wein, Strickzeug u. a. m.).

Der Typus dieser Darstellungsart existiert schon – es handelt sich nur um vereinzelte Beispiele – in der französischen Malerei des 18. Jahrhunderts (z. B. Jean-Baptiste Greuze: «La dévideuse», Frick Collection, New York). Doch Anker braucht nicht so weit zu suchen, er findet ihn z. B. beim Berner Kleinmeister Sigmund Freudenberger als Trachtenmädchen vor, bei John Dalton bereits als Porträt eines Berner Mädchens.

Während bei Freudenberger das Kostüm das Hauptthema der Darstellungen ist, individualisiert Bildnismaler Dietler seine am Webstuhl arbeitenden Mädchen im Gesichtsausdruck durch die reicheren Einzelheiten des Raumes ganz entschieden im Vergleich zu Freudenberger.

John Dalton (England, 1792–1842, Muri bei Bern), ab 1822 in Bern tätig, konterfeit ein «Bernisches Landmädchen» 1832 in der der späteren Ankerschen Art entsprechenden statischen Haltung, bildnishaft, mit Strickzeug. Daltons grossformatige Kreidezeichnung hat Anker um 1850 im Bernischen Kunstmuseum sicher nicht übersehen.

Ob Anker auch Friedrich Walthards «Wollekartnerin», 1854, kannte, ist nicht bekannt; bei Walthard bleibt diese Art Porträt eine Ausnahme.

Edouard Kaiser – der auch Werke von Anker, z. B. die «Pfahlbauerin», kopiert – überträgt den Ankerschen Typus vom Land in die Stadt, von der Gemeindeschreiberei in die Uhrmacherwerkstatt.

In den 80er Jahren setzt sich auch Hodler – in der ihm eigenen dynamischen Weise, in wenigen kleinformatigen Bildern – mit diesem Kompositionsschema auseinander.

Sigmund Freudenberger: Frau am Spinnrad
Kunstmuseum Bern

Friedrich Walthard: Wollkartnerin. 1854

Anker: Strickendes Mädchen

John Dalton: Bernisches Landmädchen. 1832
Kunstmuseum Bern

Anker: Der Gemeindeschreiber. 1875
Musée Cantonal des Beaux-Arts Lausanne

Edouard Kaiser: Der alte Uhrmacher. 1890

Anker: Der Bibelleser. 1886

Ferdinand Hodler: Lesender Greis. 1885
Kunstmuseum Winterthur

Das Kinderbildnis

Der Wunsch, seine Gesichtszüge oder diejenigen der Nächsten festzuhalten und auf diese Weise zu «besitzen», rückte nach der grossartigen Erfindung der Daguerreotypie 1839 in Griffnähe. Diese Technik gab gleichzeitig der Bildnismalerei neuen Aufschwung. Weniger als ein Prozent der Millionen von Daguerreotypien dienten zur Verewigung von Ansichten, Strassenszenen, Interieurs usw.; die überwältigende Mehrzahl ergibt eine phantastische Bildnissammlung anonymer Männer und Frauen. Fast ein jeder Künstler hat im 19. Jahrhundert Bildnisse gemalt und dazu auch Daguerreotypien oder später Fotografien als «Modell» genommen.

Ein besonders schwieriges Kapitel der Bildnismalerei ist das Kinderbildnis, da die Gefahr der Idealisierung, der Verschönerung des Dargestellten recht gross ist.

Friedrich Dietler, einer der damals meistgeschätzten Porträtisten in der Schweiz, konnte dieser Gefahr in seinen besten Werken entgehen. Seine «Kinder von Iseltwald» hat Anker 1851 im Bernischen Kunstmuseum kopiert.

Anker: Brustbild eines blonden Mädchens. 1886

Johann Friedrich Dietler: Kinder von Iseltwald. 1839
Kunstmuseum Bern/Staat Bern

Anker: Zwei schlafende Mädchen auf dem Ofentritt.
Kunsthaus Zürich/Zürcher Kunstgesellschaft

Anker: Brustbild eines Mädchens (Louise Anker). 1867

Ernst Stückelberg: Bildnis Rudolf Kollers Söhnlein. 1860
Kunsthaus Zürich

Anker: Knabe bei Tisch (Ruedi Anker). 1869

Ferdinand Hodler: Kind am Tisch. 1889

Die mehrfigurige Komposition

Seine grössten Gemälde – eine relativ bescheidene Anzahl – hat Anker fast ausnahmslos direkt für den Salon, eine andere Ausstellung oder auf Bestellung gemalt. Während dieser Genre um die Mitte des letzten Jahrhunderts in der europäischen Malerei sehr verbreitet war, betrachtete ihn in den 90er Jahren Anker selbst als altmodisch. Maler wie der aus Genf nach Düsseldorf ausgewanderte Benjamin Vautier verschrieben sich ganz der mehrfigurigen Genrekomposition. In der Schweizer Malerei hat das Genrebild seine Vorgänger in den kleinformatigen Szenen aus dem ländlichen Leben der Kleinmeister.

Ankers «Kappeler Milchsuppe» 1869 – eine der ganz wenigen historischen Szenen – zwang den Künstler, sich auf die historische Authentizität zu konzentrieren. In der Komposition liess er sich von «Le repos champêtre» von Gabriel Lory, Sohn (1784–1846), inspirieren: eine ähnlich starke Anlehnung an ein Vorbild kommt bei Anker auch sonst vor (vgl. «Luther im Kloster von Erfurt» 1861 mit der dem gleichen Ereignis gewidmeten Komposition von Adolf Karst [Erfurt 1815–1868 Dresden]). Es zählt zu Ankers Eigenarten, die Szenen der mehrfigurigen Kompositionen mehr als andere Künstler (z.B. Lory, Sohn, Vautier, Bonvin) in den Mittelpunkt zu rücken und keinen oder nur wenig Raum am oberen Rand freizulassen bzw. Ausblick nach hinten zu gewähren.

Nicolas Poussin: Arkadische Hirten. 1653
Musée du Louvre Paris

Anker hat dieses Bild zum erstenmal 1851 gesehen und war davon ausserordentlich beeindruckt.

Gabriel Lory, Sohn: Ländliche Mahlzeit
aus: Souvenirs de la Suisse, Neuchâtel 1829

Anker: Die Kappeler Milchsuppe. 1869

Edouard Girardet: Die Versteigerung. Um 1840
Nach einem Stich von Charles Girardet. 1843
Musée d'Art et d'Histoire Neuchâtel

Anker: Geltstag. 1891

Anker: Die Grosseltern. 1873
Musée des Beaux-Arts La Chaux-de-Fonds

Friedrich Stirnimann: Die beiden Alten. 1897
Kunstmuseum Luzern

Anker: Böckligumpen. 1866
Museum zu Allerheiligen Schaffhausen

Das Stilleben

Ein seltenes Thema in der Schweizer Malerei des 19. Jahrhunderts ist das Stilleben – und in der Mehrzahl sind es dann Blumendarstellungen.

Anker malt Stilleben – nur selten datiert er sie –, in welchen er das «tägliche Brot» nebst dazupassendem Getränk darstellt. Der Hintergrund ist «neutral», unbestimmt. Die auf einen Teil einer Tischplatte in natürlicher Einfachheit hingestellten Gegenstände sind schlicht, mit grosser zeichnerischer Präzision gemalt. Oft sind Ankers Stilleben Pendants.

Unter den ersten Stilleben, welche Anker gesehen hatte, befanden sich diejenigen von Johannes Dünz (Brugg 1645–1736 Bern). Um 1850 waren im bernischen Kunstmuseum vier Pendants von diesem Künstler ausgestellt, die vier Jahreszeiten darstellend. Anker wie Dünz betonen das zeichnerische Element, im Gegensatz z. B. zu dem um die Mitte des 19. Jahrhunderts wiederentdeckten Chardin. Ankers Stilleben-Kompositionen sind nicht künstlich aufgebaut, sondern dem Inser Bauernleben abgelauscht. Sie bilden im Werk des Künstlers einen Höhepunkt.

Johannes Dünz: Stilleben mit Zitronen, Äpfeln, Haselnüssen, Kastanien, Krug, Glas Wein. Winter. Um 1700
Kunstmuseum Bern/Staat Bern

Anker: Kaffee und Cognac. 1882

Zum 70. Geburtstag Maler Ankers.

"Verehrteste Versammlung! Zum zweitenmale binnen kurzem sind die hier Versammelten im Falle, in besonderer Weise eines Schweizerkünstlers zu gedenken. War es bei Anlaß des Hinscheides Böcklins das Gefühl der Trauer um den Verlust eines großen Künstlers und großen Menschen, so ist es heute das Gefühl der Freude, das dem Sprechenden die Worte diktiert und den Grundton zu der Stimmung geben mag, welche am heutigen Abend die Anwesenden erfüllen sollte.

Meister Anker in Ins ist es, dessen wir am heutigen Abend gedenken, Meister Anker, der heute seinen 70. Geburtstag feiert. Bedeutet es für uns Menschen, die, mit der Ewigkeit verglichen, vergehen wie des Grases Blüte, schon an und für sich etwas außergewöhnliches, wenn das Schicksal einem Sterblichen für seines Lebens Länge 70 Jahre mißt, so haben wir allen Grund, dem Schicksal dankbar zu sein, wenn es so viel Jahre einem Menschen zuerteilt, der für seine Umgebung, sein Volk und seine Zeit mehr bedeutet, als nur ein untergeordnetes, ja vielleicht unnützes oder schädliches Glied im gesellschaftlichen Organismus. Denn für Meister Anker bedeuten diese 70 Jahre Lebensdauer 40 Jahre gereifter Künstlerschaft, vier Dezennien an Früchten reicher Thätigkeit und ebenso langen hingebenden Studiums und Verherrlichung seines Volkes.

Nicht daß Anker immer und nur Bauernbilder gemalt hätte; er hat sich auch in ihm ferner liegenden Stoffen versucht; aber für uns Berner steigen beim Nennen seines Namens in erster Linie alle jene köstlichen Bilder auf, in denen der biderbe Volksschlag unserer bernischen Seeländerbauern, aus der Heimat des Künstlers also, in allen möglichen Exemplaren in die Erscheinung getreten ist. An jene Bauernbuben denken wir und jene Mädchen, die in bunter Mischung die Schulstuben bevölkern, hinter dem Hause dumme Streiche ausführen, einen Schneemann machen und dabei ihn formenden jugendlichen Künstler bewundern. Wir denken an jene kleinen drolligen und noch ganz jungen Erdenbürger, die die Kinderstuben zu einem Paradiese machen, von Diakonissen "gefüttert" werden oder mit der Lehrerin spazieren gehen. Oder neben den Bildern dieser Kleinen steigen uns auf jene Prachtgestalten von währschaften Bauernburschen und Dorfschönen, oder der Bauer selber, in Freud und Leid, und sein ganzes Leben mit allem, was dasselbe bewegt und gestaltet. Oder wir erinnern uns jenes andern Poles menschlichen Lebens, den Anker so gerne im Gegensatz zu seinen liebenswürdigen Kindergestalten verkörpert: jener heimeligen "Großätti und =Müetti", welche die Enkel auf den Knien schaukeln, ihnen Geschichten erzählen und sie so gerne auch verhätscheln.

Dies ist das Reich der Gefühle und Gedanken, der Farben und Formen, in dem der Maler Anker ein Herrscher geworden, das Gebiet, auf dem er seine Triumphe feiert. Dadurch, daß er im Leben unseres Landvolkes das künstlerisch Wertvolle und Verwendbare herausgefühlt und mit meisterlicher Hand festgehalten hat, hat er sich ein doppeltes Verdienst errungen. Er hat dem Volke gleichsam einen Spiegel vorgehalten, in dem es sein eigenes Bildnis sieht, ähnlich, wenn vielleicht auch nicht mit der unerbittlichen Schärfe wie dies ein Gotthelf in Worten gethan. Er hat aber nicht nur unserm Bauernstand sein eigenes Bild gezeigt; er hat die Schönheit, das Wertvolle und allgemein Achtbare an diesem Stand und Volke auch einem weitern Kreise lieb und wert gemacht. Wir wiederholen: nicht nur durch die Tüchtigkeit dessen, was er schildert, sondern auch durch die Tüchtigkeit, wie er es schildert. Denn das Meisterfreuliche an seiner Kunst ist das: sie ist eine gesunde und tendenzlose. Anker hat den Bauernstand geschildert nicht wie ein Millet unter dem erdrückenden Gefühl der Abhängigkeit von der Scholle; Anker hat den Landmann nicht derart zum Sklaven seiner Arbeit gestempelt. Ja, es ist vielmehr fast ausschließlich das Leben und Treiben unseres Landvolkes neben der Arbeit, das Leben seiner Mußestunden, oder es sind die geistigen Faktoren, die in seinem Leben eine Rolle spielen. Der Künstler Anker, der zuerst die geistliche Laufbahn ergreifen sollte, hat sich eben auch das Auge für die geistige Welt, die im Leben des Landmannes auch eine Rolle spielt, in seinen spätern Lebensberuf hinübergerettet. Das aber gerade macht uns seine Bilder auch lieb und wert, daß wir neben dem künstlerischen, resp. malerischen Werte derselben auch einen geistigen Gehalt finden.

Aus dem Vortrag von Kunstmaler Born (1864–1914) vor der Mitgliederversammlung der Bernischen Kunstgesellschaft am 1. April 1901 in: Berner Tagblatt, 3. 4. 1901

Anker: Strickendes Mädchen. 1884

Anker: Mündung des Rubikon. 1887

Anker: Der Reformator

Anker: Luther im Kloster von Erfurt. 1861
Kunstmuseum Bern/Leihgabe der Burgergemeinde Bern

Anker: Sonntagnachmittag. 1862
Musée d'Art et d'Histoire Neuchâtel

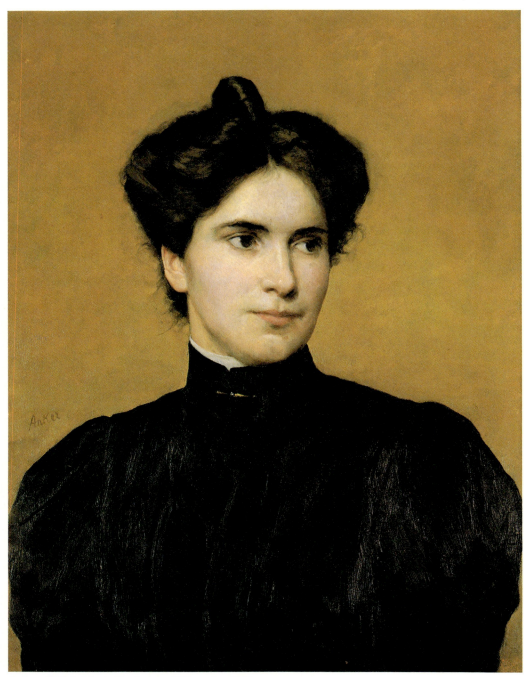

Anker: Bildnis Marie Heuberger-Rüfenacht. 1899

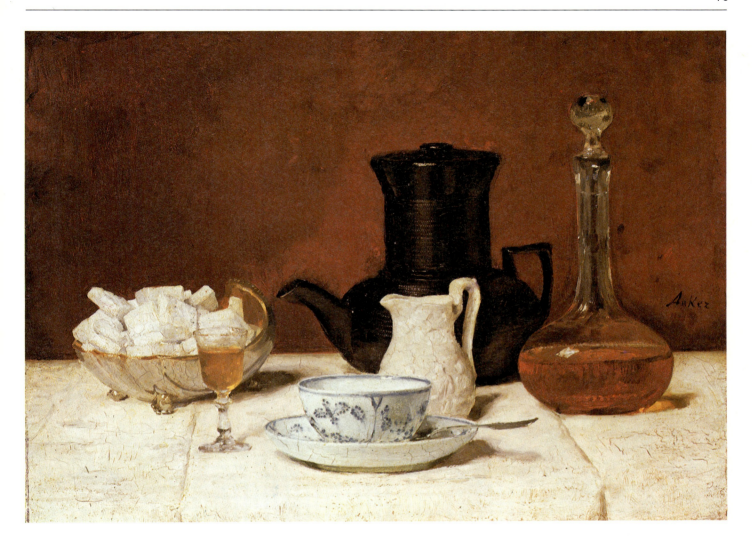

Anker: Kaffee und Cognac. Um 1877
Kunstmuseum Winterthur

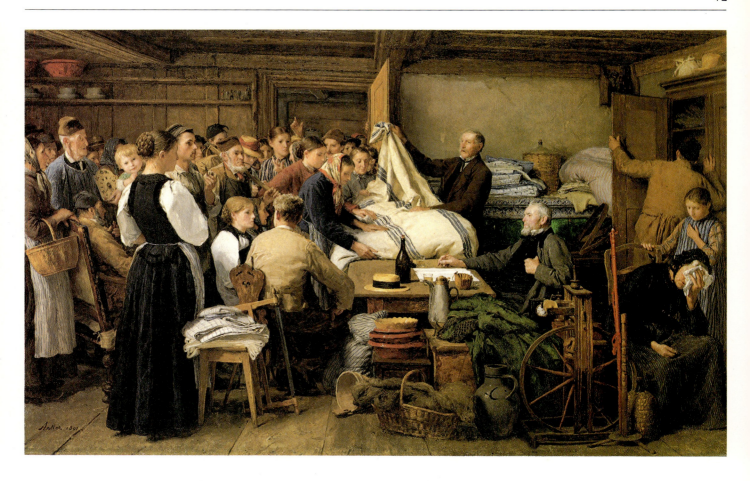

Anker: Geltstag. 1891

Biographie Albert Anker

1831: Samuel Albrecht Anker wird am 1. April in Ins geboren (getauft am 24. April) als Sohn des Tierarztes Samuel Anker (getauft 23. Januar 1791 in Ins, gestorben 25. Mai 1860) und der Marianne Elisabeth geb. Gatschet (getauft 2. August 1802 in Ins, gestorben 15. August 1847 in Neuenburg). Der Grossvater des Malers väterlicherseits, Rudolf Anker, war Tierarzt; der Grossvater mütterlicherseits Meier und Statthalter in Ins.

Um 1831 werden geboren u. a.:

1827: Böcklin, Zünd
1828: Bocion, Buchser, Koller
1829: Feuerbach, Henner, Vautier
1830: Pissarro
1831: Stückelberg
1832: Wilhelm Busch, Manet
1834: Defregger, Degas, Lenbach
1839: Cézanne, Sisley

1836: Die Familie Anker lebt bis 1852 in Neuenburg, wo der Vater Kantonstierarzt ist. Albert besucht daselbst die Schule. Unter den Schulfreunden ist Auguste Bachelin zu nennen.

1842: Alberts Zeichenlehrer am Collège ist Frédéric-Wilhelm Moritz, Vetter (?) von Gabriel Lory, Sohn. Sowohl in der zweiten wie in der dritten Klasse bleiben Anker und Bachelin sitzen.

1843: Gleyre – Ankers zukünftiger Meister – übernimmt in Paris die Leitung des ruhmvollen Ateliers von Paul Delaroche.

1845–1848 nimmt er gemeinsam mit Bachelin Privatunterricht im Zeichnen bei Louis Wallinger. Am 5. April 1847 stirbt Ankers Bruder Friedrich Rudolf, am 15. August des gleichen Jahres seine Mutter.

1849: Anker besucht in Bern das Gymnasium. Er wohnt bei seinem Onkel, Professor Mathys Anker, Tierarzt. In einem Brief vom 9. Juni an seinen Freund Auguste Bachelin äussert sich Anker ausführlich über Malerei.

1851: Maturität in Bern. Beginn des Theologiestudiums an der Universität. Erste Reise nach Paris; Bewunderung für Le Sueur und vor allem für Poussin. Beschreibung seiner Erlebnisse im Blatt des Zofingervereins.

1852: Am 4. Juni stirbt Ankers einzige Schwester Luise (getauft 6. August 1837). Vom Herbst 1852 bis Frühjahr 1854 setzt Anker sein Theologiestudium an der Universität Halle fort. Ausflüge nach Weimar (Winter 1852/53), Dresden und München (Ende 1853), Jena (Winter 1853/54), Berlin. Am 25. Dezember 1853 schreibt Anker seinem Vater, er wolle das Studium der Theologie aufgeben und Maler werden.

1853: Geburt von Ferdinand Hodler.

1854: Im Frühjahr kehrt Anker nach Bern zurück und setzt bis im Sommer die theologischen Studien fort. Im Sommer erhält er vom Vater endlich die Einwilligung, Maler zu werden. Aufenthalt in Ins. Anker beteiligt sich zum erstenmal – mit einer Kreidezeichnung «Rauchender Alter» – an der Turnus-Ausstellung des Schweizerischen Kunstvereins in Bern. Im Herbst zieht er nach Paris und mietet ein Zimmer in der rue Notre-Dame-des-Champs. Sein Vater gibt ihm Fr. 250.– mit und unterstützt ihn auch in den kommenden Jahren, zudem kopiert Anker Bilder auf Bestellung und gibt Zeichenstunden. Er wird Schüler des Waadtländer Malers Charles Gleyre. Befreundet mit François Ehrmann, Alexandre-Auguste Hirsch, Albert de Meuron, Léon Berthoud u. a.

1855: Immatrikuliert am 11. Oktober an der Ecole Impériale et Spéciale des Beaux-Arts, wo er wahrscheinlich bis 1860 verbleibt. Der Vater wird Mitglied des bernischen Kantonal-Kunstvereins.

1855: Courbet veranstaltet an der Place de l'Alma die Protest-Ausstellung «Der Realismus».

1856: Anker erhält an der Ecole des Beaux-Arts sukzessive drei Medaillen im Figurenzeichnen: 25. Januar und 21. Juni 3. Medaille; 30. Januar 1858 2. Medaille. Er beteiligt sich an der Turnus-Ausstellung des Schweizerischen Kunstvereins in Bern mit dem Bild «Hiob und seine Freunde». Im Sommer in der Bretagne.

1858: Im Herbst hält sich Anker einige Wochen in Biberach im Schwarzwald auf.

1858: Vautier hält sich zum erstenmal im Schwarzwald auf. Die Geschwister Deck eröffnen ihre Fayencefabrik in Paris.

1859: Im Pariser Salon stellt Anker die «Dorfschule im Schwarzwald» aus. Vom Sommer 1859 bis Ende 1860 weilt er während der Krankheit seines Vaters in Ins und Bern. Im elterlichen Haus in Ins richtet er ein Atelier ein.

1860: Am 25. Mai stirbt der Vater. Anker beteiligt sich mit vier Werken erstmals an der Exposition de la Société des Amis des Arts in Neuenburg («Kirchendiener in Ins», «Die Armensuppe», «Kinderbildnis», «Kopf eines Kindes»), an deren Ausstellungen er dann bis 1905 regelmässig teilnimmt.

1861: Im April hält sich Anker einige Wochen in Herblay (Val d'Oise) auf. Im Sommer in Ins. Im Herbst begibt er sich mit François Ehrmann erstmals nach Italien: Sie besuchen Mailand, Venedig, Mantua, Parma, Modena, Bologna und Florenz, wo Anker an Typhus erkrankt. Er kehrt Anfang 1862 über Marseille zu seiner Tante nach St-Blaise zurück. In Italien hatte er vor allem Werke alter Meister kopiert (Tizian, Correggio usw.).

1862: Von nun an – bis 1890 – verbringt Anker den Sommer meistens in Ins, den Winter in Paris.

1863: Im April Aufenthalt in Herblay. «Mention honorable» im Pariser Salon.

1863: Zum erstenmal findet in Paris – parallel zum Salon – der «Salon der Abgelehnten» statt; Manets «Frühstück im Freien» erregt grosses Aufsehen. Beginn der grossen Konstruktionen unter Baron Haussmann. Tod von Delacroix.

1864: Im Sommer mit Albert de Meuron im Bernina-Gebiet. Am 6. Dezember heiratet Anker in Twann Anna Ruefli (1835–1917), Tochter des Metzgermeisters Sigmund Gottlieb Ruefli von Lengnau, in Biel ansässig.

1864: Gleyre schliesst sein Atelier.

1865: Im August kurzer Aufenthalt in Stans mit Alfred Dumont; sie sind viel mit Edouard Hunziker zusammen. Geburt der Tochter Anna Luise, die 1884 Maximilian Oser von Basel heiratet.

1866: Im Pariser Salon erhält Anker die Goldene Medaille; er hat die Bilder «Im Walde» und «Schreibunterricht» ausgestellt. Am 6. April notiert er erstmals eine Zahlung der Fayence-Firma Gebrüder Deck. Die Fayence-Malerei betreibt Anker wohl bis 1890, Zahlungen verzeichnet er regelmässig bis 1894, die Schlussabrechnung erfolgt 1905.

1866: Geburt von Kandinsky.

1867: Der Schweizerische Kunstverein erwirbt mit einer Subvention des Bundes «Die Gemeindeversammlung» von 1865. Geburt des Sohnes Franz Adolf Rudolf, der 1869 in Ins stirbt.

1867: Parallel zur Weltausstellung zeigen Courbet und Manet unabhängig voneinander je eine Werkgruppe in durch sie selbst finanzierten Baracken an der Place de l'Alma. Todesjahr von Ingres. Millet malt «Angelus».

1870: Vom Sommer 1870 bis 8. November 1871 bleibt Anker wegen des preussisch-französischen Krieges in Ins. Geburt seines zweiten Sohnes Emil, der 1871 in Paris stirbt. Von 1870 bis 1874 ist Anker Mitglied des Grossen Rates des Kantons Bern und setzt sich als Vorsitzender der vorberatenden Kommission für den Bau des Berner Kunstmuseums ein; die Bernische Künstlergesellschaft wählt ihn einstimmig zum Ehrenmitglied. 1874 lehnt er eine Wiederwahl in den Grossen Rat ab. Er bleibt Mitglied der Schulkommission und des Kirchgemeinderates in Ins.

1870/71: Preussisch-französischer Krieg: Belagerung von Paris und Kommune.

1872: Vom 25. März bis 28. April Reise mit Alexandre Hirsch nach Südfrankreich (Les Baux-de-Provence usw.). An der International Exhibition in London erhält Anker die Bronzemedaille für das Bild «Die Marionetten». Geburt der Tochter Sophie Marie, die 1892 Albert Quinche von Neuenburg heiratet.

1872: Geburt von Mondrian.

1873 bis 1883 gehört er zu den auswärtigen Mitarbeitern der Zeitschrift «Le magasin pittoresque» (hier erscheint u. a. 1885 sein Artikel über Lavater).

1874: findet die erste Ausstellung der Impressionisten statt. Tod von Gleyre.

1874: Geburt des Sohnes Paul Moritz (stirbt 1931 in Ontario).

1875: Tod von Corot und von Millet.

1876: Von nun an wird Anker unter den «collaborateurs artistiques» der Revue suisse des beaux-arts genannt.

1877: Geburt der Tochter Fanny Cécile, die 1901 Charles-Louis Du Bois von La Chaux-de-Fonds heiratet.

1877: Tod von Courbet.

1878: Zusammen mit de Meuron und Weber organisiert Anker die Schweizerische Abteilung der Pariser Weltausstellung, wonach er zum Chevalier de la Légion d'honneur ernannt wird. Vom 3. bis 13. August am Walensee.

1879: Am 9. August an der Eröffnung des Berner Kunstmuseums.

1879: Geburt von Paul Klee.

1880: Im April Reise nach Gien, Nevers; im Mai wieder im Elsass. Vom 16. August bis 2. September in Lörrach, vom 21. September bis 3. Oktober in Sion.

1881: Vom 9. Juli bis 13. August in Thann im Elsass.

1881: Geburt von Picasso.

1882: Im Juni Reise nach Belgien und Frankreich: Brüssel, Antwerpen, Gent, Lille.

1882: 7. Ausstellung der Impressionisten. Cézanne wird zum erstenmal im Salon zugelassen.

1883: Vom 30. Juli bis 9. August in Zürich und im Tessin.

1884: An der Ecole des Beaux-Arts findet die erste Manet-Retrospektive statt (gestorben ist Manet im Vorjahr).

1886: Vom 10. bis 26. Juni in Paris, um sein dortiges Atelier aufzulösen.

1887: Vom 1. März bis 31. Mai zweite Italienreise: Mailand, Pavia, Genua, Pisa, Arezzo, Rom, Anticoli, Neapel, Rom, Perugia, Siena, Florenz.

1889: Dritte Italienreise mit Aufenthalt vor allem in Florenz. An der Pariser Weltausstellung erhält Anker die bronzene Medaille; ausgestellt hat er das Bildnis von Lavater. Mit Buchser, Böcklin, Bocion u. a. in die Eidgenössische Kunstkommission gewählt, der Anker bis 1893 und wieder von 1895 bis 1898 angehört.

1890: Mitglied der Aufnahme-Jury der Ersten Nationalen Kunstausstellung der Schweiz (wirkt auch bei der Organisation der 2., 3., 4. und 5. «Nationalen» mit). Im Mai gibt Anker seinen Wohnsitz in Paris auf und zieht ganz nach Ins, richtet sich aber in Neuenburg ein Absteigequartier ein. Um diese Zeit beginnt er, im Auftrag des Verlegers Zahn dessen vorgesehene Gotthelf-Ausgabe zu illustrieren; diese Arbeit beansprucht mehrere Jahre und bringt wiederholte Studienaufenthalte im Emmental mit sich.

1891: Vierte Italienreise: Mailand, Pavia, Mantua, Ravenna. Von 1891 bis 1901 ist Anker Mitglied der Eidgenössischen Kommission der Gottfried-Keller-Stiftung.

1891: Tod von Théodore Deck.

1894: Vom 1. bis 18. Mai Reise nach Konstanz, München, Augsburg, Ulm und Strassburg. Im Herbst zwölf Tage in Paris und Dünkirchen.

1895: Vom 26. April bis 1. Mai in Mailand, um die «Madonna in trono» (um 1500) von Francesco Napolitano für die Gottfried-Keller-Stiftung anzukaufen.

1896: Als Mitglied der Jury der Schweizerischen Abteilung der Internationalen Kunstausstellung in Berlin hält sich Anker im Juni einige Tage in Berlin auf, wo er Menzel kennenlernt; auf der Rückreise besucht er Halle, Kassel, Frankfurt a. M. und Worms.

1897: Vom 16. bis 24. Mai und vom 15. bis 27. Juli in München als Mitglied der Jury für die Schweizerische Abteilung der Internationalen Kunstausstellung.

1898: Präsident des Organisationskomitees der 5. Nationalen

Kunstausstellung der Schweiz (Kunsthalle Basel). La Suisse libérale veröffentlicht seine Plauderei «Aus des Kindes ersten Tagen».

1900: Die Universität Bern verleiht Anker den Doctor honoris causa.

1901: Die Gesellschaft Schweizerischer Maler und Bildhauer ernennt Anker und Stückelberg anlässlich ihres 70. Geburtstages zu Ehrenmitgliedern; der Bundesrat richtet an ihn ein Gratulationsschreiben. Im September erleidet Anker einen Schlaganfall, der seine rechte Hand weitgehend lähmt; er malt eine Zeitlang meist mit der Linken. Im letzten Jahrzehnt seines Lebens entstehen nur noch wenige Ölbilder, dagegen mehrere hundert Aquarelle.

1910: Albert Anker stirbt am 16. Juli in Ins. Vom 1. bis 30. November findet im Musée d'Art et d'Histoire Neuenburg vornehmlich aus dem Nachlass des Künstlers die erste Anker-Gedächtnisausstellung statt (291 Nrn.). Die zweite veranstaltet vom 15. Januar bis 12. Februar 1911 das Kunstmuseum Bern (243 Nrn.); im gleichen Jahr erscheint die erste Anker-Monographie, «Der Berner Maler Albrecht Anker. Ein Lebensbild», vom Freund, Pfarrer Albrecht Rytz, verfasst.

Neuerscheinungen über Anker:
S. Kuthy/H. A. Lüthy: Albert Anker. Zwei Autoren über einen Maler. Orell Füssli Verlag, Zürich 1980 (französisch bei Ed. Marguerat, Lausanne 1980).
Albert Anker. 32 ausgewählte Bilder zum 150. Geburtstag des Malers. Einführung und Bildererläuterungen von F. Zelger. Im Verlag des Schweizerischen Beobachters (1981)
R. Meister: Albert Anker und seine Welt. Zytglogge-Verlag, Bern 1981

Ankers drei Lehrer

Moritz, Frédéric Wilhelm Bei St. Gallen 1783–1855 Neuenburg

Frédéric Wilhelm Moritz: Selbstbildnis

Nach dem frühen Tod des Vaters Übersiedlung nach Bern, wo er bei seinem Onkel(?) Gabriel Lory (Vater) erzogen und künstlerisch ausgebildet wird; Beginn der Freundschaft und engen Zusammenarbeit mit Gabriel Lory (Sohn) (1784–1842). Reise nach Paris mit Lory, de Meuron, Engelmann, Vogel, Volmar u. a. Übersiedlung nach Neuenburg. *1810* stellt er zum erstenmal an der Kunstausstellung in Bern aus. *1815* Heirat mit Françoise Touchon; ihr Sohn, William (Neuenburg 1816–1860 Bern) wird auch Maler. *1817* Einbürgerung in Neuenburg (er war hessischer Herkunft). Während der 20er Jahre in Italien ansässig (Florenz). *1824* erscheint in Neuenburg «Costumes suisses, dédiés à son Altesse royale de Prusse – dessinés d'après nature et publiés par G. Lory fils et F. W. Moritz». *1831* endgültige Rückkehr nach Neuenburg, wo er bis 1850 als Zeichenlehrer am Gymnasium und an der Mädchenschule tätig ist. *1840* er-

Frédéric Wilhelm Moritz: Bauernhaus im Berner Oberland
Kunstmuseum Bern

scheint in Neuenburg seine Schrift «Notions de géométrie, préceptes sur la manière de dessiner le paysage au crayon et exposé des principes fondamentaux de la perspective ...» Ab *1842* befinden sich Anker und Bachelin unter seinen Schülern.

A.Bachelin: F.-W.Moritz, in:
Musée Neuchâtelois, 1884, p.305–311:
«Peu de principes dans son enseignement: les uns dessinaient d'après les plâtres de la méthode Dupuis, les autres d'après les modèles lithographiés et gravés du professeur; c'était le beau temps des têtes habilement modelées avec des hachures, par Julien, et des paysages de Coignet, Villeneuve et Calame. On travaillait donc comme on voulait et ceux-là seuls qu'un sentiment particulier tournait du côté du dessin arrivaient à faire quelque chose. Le professeur, chose naturelle, avait des préférences marquées pour les bons élèves; quelques-uns lui apportaient des études faites en dehors de la leçon et le consultaient sur l'art et les artistes. Il répondait alors avec bonté. (...) Sa manière de procéder n'était évidemment point faite pour former des artistes, ni même pour exciter l'admiration qui sommeille au fond des jeunes cœurs. Cependant nous ne pouvons nous empêcher de garder au vieux professeur un vrai sentiment de reconnaissance pour les choses entrevues et aimées dans ses leçons.»

Frédéric Wilhelm Moritz: «Zuric». Trachtenbild. 1824
Kunstmuseum Bern

Wallinger (auch: Vallinger), Louis   Villars im Val de Ruz 1819–1886 St-Imier

Um 1840 Schüler von Raymond Auguste Quinsac Monvoisin in Paris. *1845* Niederlassung in Neuenburg (Bewilligung vom 25.8.), wo er im Zeichnen und in Kunstgeschichte Privatstunden erteilt. *Zwischen 1845 und 1848* befinden sich Anker und Bachelin unter seinen Schülern. *1848* (und nicht erst 1860) Übersiedlung nach St-Imier. *1860–1880* Zeichenlehrer an der Sekundarschule.

Ph. Godet: Auguste Bachelin, in: Musée Neuchâtelois, 1892, p.11 (vgl. auch: G. Amweg: Les arts dans le Jura bernois, Porrentruy 1937, p.429ff.):

«Il y avait alors à Neuchâtel un autre maître de dessin, le père Wallinger, un original. Il avait du mérite, mais Calame et les Girardet en étaient à leur brillant début, et Wallinger fut un peu éclipsé par eux. Ses tableaux, d'ailleurs, étaient parfois bizarres: tel son «Néron pendant l'incendie de Rome». Le cruel empereur est debout au sommet d'une tour ronde à créneaux; il tient une lyre à la main, son manteau flotte au vent, tandis qu'au-dessous, trois Furies, tenant au poing des torches allumées, se précipitent sur la ville. A Neuchâtel, on reprochait à cette étrange vision de montrer la monarchie sous son côté le plus sombre ... Wallinger

Louis Wallinger: Marktplatz in St. Immer. 1845
Banque Cantonale de Berne, St-Imier

donnait des leçons de dessin: on allait chez lui tous les jours, de 1 à 2 heures après-midi, pour le prix de ... 3 francs par mois! Outre le dessin, le brave homme enseignait à ses élèves l'histoire des peintres, leur faisait part de ce que lui avaient appris ses nombreuses lectures, ses séjours à Paris, et leur communiquait l'étincelle divine de l'enthousiasme. Un beau jour, après leurs vacances d'été, les élèves de Wallinger, Bachelin, Albert Anker, frappant à sa porte, apprirent non sans chagrin qu'il était parti pour Saint-Imier ...»

Anker an seine Frau, St-Imier, 12.9.1873:
«Enfin j'ai vu M. Wallinger. Tout continue à bien aller, je pense qu'il en est ainsi à la maison. Je recouche chez Besson et demain m'en irai à Bienne. Rien de neuf sans cela. Je t'écris dans une des chambres de M. Wallinger qui détruit toutes ses affaires de peinture.»

Louis Wallinger: Ruinen der Abtei Lys
Kunstmuseum Bern/
Geschenk der Witwe des Künstlers
an die Bernische Kunstgesellschaft

Gleyre, Marc-Charles-Gabriel Chevilly VD 1806–1874 Paris

Charles Gleyre (Fotografie)

1825–1828 in Paris an der Ecole des Beaux-Arts, im Atelier Louis Hersent und an der Académie Charles Suisse. *1828–1834* in Italien ansässig. *1834–1837* als Reisebegleiter eines Amerikaners im Nahen Osten unterwegs. *1838* endgültige Rückkehr nach Paris. *1843* grosser Erfolg seines Gemäldes «Les illusions perdues» im Salon. Er übernimmt das Atelier von Paul Delaroche – auf Wunsch von dessen Schülern – in der rue de l'Ouest; bis 1864 hat er rund 600 Schüler. *1854–1860* besucht Anker sein Atelier.

*Anker an Ehrmann,
11.5. bzw. 1.6.1874.*
«Ai-je été mal inspiré de partir ce mardi, quand, après mon départ, Hirsch apprenait par toi, la mort du patron (Charles Gleyre). J'aurais voulu être là pour aller à l'enterrement et me trouver avec vous ... Pour lui, c'est une mort digne d'envie, il part sans avoir trop senti les atteintes de l'âge, dans la force de son talent, estimé de tous et regretté de nous tous qui voisinions un peu avec lui ... S'il nous est donné de reconnaître les personnes dans l'autre monde, c'est un de ceux que nous reverrons avec le plus de plaisir ...»

Charles Clément zitiert in seinem Buch über Gleyre (1878) den Brief, in welchem Anker ihm seine Erinnerungen über Gleyres Atelier mitteilt (p. 174 ff.)

Charles Gleyre:
Herkules zu Füssen der Omphale. 1863
Musée d'Art et d'Histoire Neuchâtel

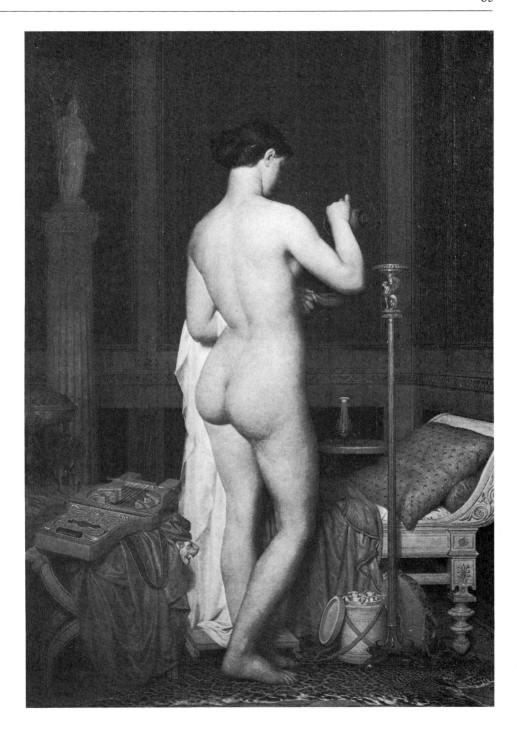

Charles Gleyre:
Abendtoilette der Sappho. 1867/68
Musée Cantonal
des Beaux-Arts Lausanne

Malerfreunde und Kommilitonen

Bachelin, Auguste   Neuenburg 1830–1890 Bern

Anker: Bildnis Auguste Bachelin.
10. November 1847

Im «Collège» in Neuenburg mit Anker befreundet; sie bleiben gleichzeitig sitzen; sie erhalten den ersten Zeichenunterricht bei F.-W. Moritz, der den ersten Preis bald Bachelin, bald Anker zuspricht; auch Privatunterricht im Zeichnen nehmen sie zusammen bei L. Wallinger. *Ab 1850* Malstudium in Paris bei Gleyre und an der Ecole des Beaux-Arts, ab April 1852 bei Coutures (gleichzeitig mit Manet), ab 1867 bei Barrias. *1852* Aufenthalt in der Normandie und auf der Insel Jersey. *1853* stellt er zum erstenmal in Neuenburg aus, *1857* im Salon de Paris. *1859* nimmt er an den Feldzügen von Magenta und Solferino aus künstlerischem Interesse teil; er wird Militär- und Landschaftsmaler (bevorzugte Landschaft ist der Thunersee). *Ab 1861* werden seine Pariser Aufenthalte immer kürzer, und er lässt sich endgültig in Marin bei St-Blaise nieder. *Ab 1864* aktive Mitarbeit an der Zeitschrift «Musée Neuchâtelois», wo er u.a. über F.W. Moritz (1884), über die Girardet, Maximilien de Meuron, Alexandre Calame, Léopold Robert schreibt; auch sonst journalistisch tätig («Magasin pittoresque», «Bibliothèque universelle» usw.). *1865* längere Reise nach Italien (Neapel, Rom, Florenz usw.). *1871* gibt er die Publikation «1870–1871 Aux frontières» heraus, eine Sammlung von Zeichnungen betreffend die Bourbaki-Armee, unter der Mitarbeit von Anker, Bocion, Dumont, Ehrmann, Roux u.a. *1876* zeichnet er mit Roux die Kostüme des historischen Umzuges in Murten (Bachelin ist auch Mitorganisator der Neuenburger Umzüge 1882 und 1887). *1881* erscheint sein Roman «Jean-Louis», laut Anker «das Beste, was (seit Toepffer) in der welschen Schweiz geschrieben wurde» (Brief an J. Schnyder, 22.9.1898).

Anker an Bachelin am 19.9.1881:
«... Au revoir, mon vieux, je pense souvent à toi, le soir, quand le sommeil me gagne et que je m'endors sur le canapé.»

Auguste Bachelin: Daniel Jeanrichard verspricht 1679 einem Reisenden, die Uhr zu reparieren. 1880. Musée d'Art et d'Histoire Neuchâtel

Auguste Bachelin: Das Kind des Soldaten (das Kind von Anker gezeichnet)

Berthoud, Léon   Provence VD 1822–1892 St-Blaise

Alfred van Muyden:
Bildnis Léon Berthoud. 1848. Detail.
Musée d'Art et d'Histoire Neuchâtel

Malunterricht bei Maximilien de Meuron, *1842* gemeinsame Studienreise mit diesem an den Walensee. Weiterbildung in Paris im Atelier von Léon Cogniet. Freundschaft mit Gleyre. *1845* erster Aufenthalt in Rom; verbringt den Winter wiederholt in Italien. In Vaumarcus ansässig. Nimmt an Ausstellungen in Neuenburg und, bis 1864, in Paris teil: vornehmlich italienische und Schweizer Landschaften. *1868* erwirbt er von Anker die «Drei Mädchen beim Kränzewinden» (18.5.). *Ab 1873* in St-Blaise niedergelassen.

Anker an Ch.Anker am 7.3.1863:
«... Mon lit a été revu et corrigé, mais dans ce remaniement il est devenu désespérément étroit, presque aussi étroit que celui de Berthoud, qui est un phénomène dans son genre ... Je vois souvent Meuron et Berthoud ...»

Verkaufsbüchlein 1892:
«... dimanche 28 Février Enterrement de Léon Berthoud, revenu l'après-midi à pied» – «Jeudi 25 oct. à St-Blaise aux mises de Berthoud, acheté une table et 3 chaises. 1,60 + 23 fr.»

Léon Berthoud: Seitenarm des Tibers
Musée d'Art et d'Histoire Neuchâtel

Bocion, François-Louis-David — Lausanne 1828–1890 Lausanne

Charles Gleyre:
Bildnis François Bocion. 1871. Detail
Musée d'Art et d'Histoire Lausanne

1840–1842 ist Steinlen an der Ecole moyenne de Vevey sein erster Zeichenlehrer. *1845* Beginn seines Aufenthaltes in Paris, zuerst im Atelier von Grosclaude, dann bei Gleyre. *1848* stellt er zum erstenmal an der Schweizerischen Kunstausstellung in Bern aus. *1849* wird er zum Zeichenlehrer an der Ecole Moyenne et Industrielle in Lausanne ernannt. *1852* erster Aufenthalt in Italien. *1857* wird Bocion Mitglied der Société des Beaux-Arts de Genève. *1866* nimmt er zum erstenmal an der Ausstellung in Neuenburg teil. *1878* erste Einzelausstellung (in seiner Schule). *1884* Mitbegründer der Société Suisse d'Aquarellistes. *1887* Einzelausstellung mit 435 Werken im alten Casino in Lausanne. *1889* wird er zum Mitglied der Eidgenössischen Kunstkommission ernannt (gleichzeitig wie Anker, Böcklin, Buchser u. a.).

Anker an die Witwe von Auguste Bachelin am 15.11.1890:

«J'ai vu Bocion hier à Berne, nous avons parlé d'Auguste et du portrait que vous m'avez envoyé. Il aimerait aussi en avoir un ... Bocion était venu à Berne pour une Commission des beaux-arts; il a été souffrant tout l'été d'une maladie de cœur et il a bien maigri. Madame était bien anxieuse de le voir partir, mais le temps était doux ... nous avons partagé la même chambre ...»

François Bocion:
Das Sommerfest der Fischergesellschaft bei Ouchy. 1870
Société Vaudoise de Navigation Lausanne

Böcklin Arnold   Basel 1827–1901 Fiesole

Arnold Böcklin: Selbstbildnis im Atelier. 1893 Detail. Kunstmuseum Basel

1845 Malstudium in Düsseldorf; er wohnt mit R. Koller zusammen. *1847* Abschluss an der Malakademie. Studienreise mit Koller in Belgien. *1848–1849* mit Koller in Paris: an der Académie Suisse und mit Kopieren im Louvre beschäftigt. *1850* erster Aufenthalt in Rom, wo er in den kommenden Jahren mehrheitlich wohnt. *1858* in Hannover, anschliessend in München wohnhaft, *ab 1860* in Weimar, dann in Rom, *ab 1866* wieder in Basel, *ab 1871* in München, *ab 1874* in Florenz, *ab 1885* in Zürich, *ab 1892* in Fiesole. Ab *1889* Mitglied der Eidgenössischen Kunstkommission, der Aufnahme-Jury der Ersten Nationalen Kunstausstellung der Schweiz usw., zusammen mit Anker u. a. m. Im Mai *1892* besucht Anker Böcklin in Zürich.

Anker an Ehrmann am 6.11.1897:
«Il est temps que je te parle un peu de deux expositions de tableaux que j'ai vues à mon aise à Bâle. Celle de Böcklin et celle de Holbein. Nous y étions convoqués officiellement; on pensait pouvoir acheter quelque chose, mais dans ce grand nombre de tableaux, un seul appartenait à un marchand, tout le reste avait trouvé sa place définitive.
Tu connais peut-être le grand Album en trois volumes que les Allemands ont édité et qui contient à peu près toutes les œuvres de Böcklin? A Bâle, on voyait des œuvres de jeunesse, beaucoup de paysages qui rappelaient Calame, ou mieux encore, un des ses élèves, Zimmermann. Petit à petit, Böcklin fit des figures: un St-Jérôme dans un charmant paysage sauvage, un Polyphème qui lance un quartier de roche sur le vaisseau d'Ulysse, enfin il trouve les Tritons, les Sirènes, les animaux amphibies, avec l'eau qu'il traite d'une manière bien amusante. Dans cet ordre d'idées, il y a aussi des pêcheurs trouvant une sirène; elle est dans un filet emmanché d'un bâton; c'est un charmant arrangement. Puis, vient la série des Vénus et nymphes dans des paysages inventés. Les dames de Bâle se pâmaient là-devant de manière à être obligées de respirer des sels. A coup sûr, il est le grand chef de file en Allemagne. Que d'imitateurs de ses sujets, de ses paysages, de son dessin! Ce sont ceux, me semble-t-il, qui ont choisi la bonne part; ils arrivent droit au but. Quand on entrait, on était impressionné en voyant ces tableaux si violents et si disparates. Ce n'est pas lui qui met du «ton dans le ton» comme Jules Dupré! ...»
Anker an Th. Volmar am 18.1.1901
«Heute kam die Nachricht von Böcklins Tod ... mit Ihm verschwindet eine grosse Figur.»

Arnold Böcklin: Felsschlucht im Mondschein. 1848/49
Seit 1938 verschollen – Der erste «Böcklin», den Anker 1850 in Bern sah.

Buchser, Frank   Feldbrunnen SO 1828–1890 Feldbrunnen

Adrian Kümmerly:
Bildnis des Malers Frank Buchser. 1879
Detail. Kunstmuseum Bern

1847 beginnt er in Florenz – nach einer Orgelbauer-Lehre – zu zeichnen und beschliesst, Maler zu werden. *1847–1849* als Schweizergardist in Rom. *1850–1852* Kunstakademie in Antwerpen; anschliessend Reise nach Spanien und nach England. *1855–1857* Aufenthalt in Paris, dann in Marokko. *1866–1871* Aufenthalte in den Vereinigten Staaten, in Paris, Italien, Spanien, Marokko, Griechenland. *1885* endgültige Rückkehr in die Schweiz. *1889* besucht Anker am 22. Juni seinen kranken Freund in Solothurn. *1890,* kurz vor seinem Tod, wirkt er zusammen mit Anker, Böcklin u. a. an der Organisation der Ersten Nationalen Kunstausstellung der Schweiz in Bern – dem sogenannten Buchser-Salon – mit; mit deren Zustandekommen wird eines seiner Ziele betreffs der Kunstförderung durch den Bund verwirklicht.

Anker aus Rom an seine Familie am 10.5.1887:
«J'ai commencé cette lettre au café Greco, et Buchser vient d'arriver, nous avons causé. Je termine sur l'escalier de la Trinité dei Monti, où viennent s'asseoir les modèles. Un Italien près de moi raccommode ses habits, des femmes tricotent, d'autres gardent de petits enfants en attendant que des peintres viennent les chercher.»

Über dieses Zusammentreffen schreibt Buchser am 24.4., Anker sei «ein sehr angenehmer und sehr einfacher, guter Bürger ...»

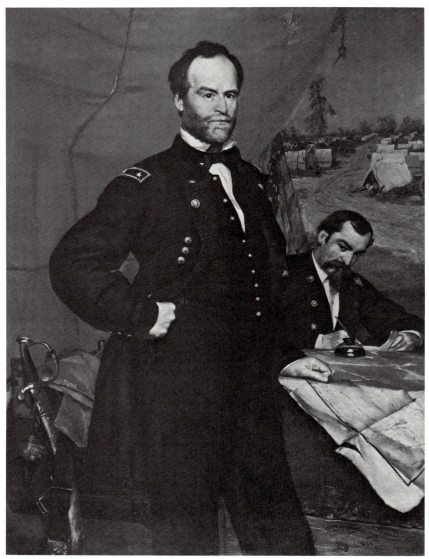

Frank Buchser: General William Tecumsen Sherman, Oberkommandierender der Armee der Nordstaaten im amerikanischen Sezessionskrieg. 1869
Kunstmuseum Bern/Schweizerische Eidgenossenschaft

Dumont, Alfred   Perroy VD 1828–1894 Genf

Alfred Dumont (Fotografie)

Anker aus Stans an seine Frau 1865:
«Voilà deux heures que nous attendons, devant l'église pleine de monde, que les fidèles s'écoulent pour aller peindre dans une chapelle à côté. Hier, dimanche, nous n'avons pas travaillé. Dumont ne peint jamais le dimanche. Après midi, nous sommes allés à Stanzstaad et sur les hauteurs au-dessus du village. Le matin, à l'église, nous avons entendu un sermon remarquable, prêché par un jeune curé qui va parfois faire de la musique avec la femme de Hunziker. Aujourd'hui, nous allons de nouveau passer la journée dans le Beinhaus: c'est une chapelle, au fond de laquelle sont entassés des ossements dans un petit espace: les crânes tout empilés les uns sur les autres en rangs serrés. L'autel et les fenêtres sont jolis et semblent faits pour être peints ...
Nous vivons bien ensemble, mon camarade et moi, en ce moment chacun fait sa correspondance dans notre chambre.»

Er bricht das Studium der Rechtswissenschaft in Genf ab, um bei Lugardon, dann in Düsseldorf (dort mit B. Vautier befreundet) und *um 1857* in Paris bei Gleyre Malunterricht zu nehmen; Beginn der Freundschaft mit Anker. *1865* im August verbringt er mit Anker ein paar Wochen in Stans; sie wohnen und malen zusammen und besuchen öfters den Maler Hunziker. Ihr Aufenthalt in Stans fällt mit der Vorbereitungszeit für die Einweihungsfeier des Winkelrieddenkmals (3.9.1865) zusammen. In Genf ansässig, reist er viel herum; ausser in der Schweiz, in Italien und Spanien weilt er auch in Berlin, München und Wien. *1870* dreiwöchiger Aufenthalt in Ins, wo er oft mit Anker zusammen ist und im Hotel «Zum Bären» wohnt. 1887 Aufenthalt in Murten. Er besucht mit L. Berthoud zusammen Anker in Ins. *1892* unternimmt er als Reiseleiter eines jungen Herrn eine Weltreise. Seinen künstlerischen Nachlass (vornehmlich Zeichnungen und Skizzen) sowie einen Teil seiner Kunstsammlung (u. a. zwei Zeichnungen von Anker) vermacht er der «Classe des Beaux-Arts» in Genf (Legs Dumont, im Musée d'Art et d'Histoire de Genève deponiert).

Alfred Dumont: Alter Mann mit Pfeife. 1865
Musée d'Art et d'Histoire Genève/Legs Alfred Dumont

Durheim Rudolf   Bern 1811–1895 Bern

Anker: Bildnis des Malers Rudolf Durheim. 1865. Detail. Kunstmuseum Bern

Malstudium bei Lugardon und Scheffer in Genf. *Ab 1838* nimmt er an den Turnus-Ausstellungen teil. *1842–1846* ist er wieder in Genf ansässig, sonst in Bern, wo Anker öfters bei ihm übernachtet. Lange Reisen in Ägypten, Palästina und Syrien. *1888* stellt er in Genf 120 Werke aus. *1895* erwirbt die Gottfried-Keller-Stiftung auf Anregung von Anker eine grössere Werkgruppe von ihm.

Anker an Durheim am 20.2.1877:
«Ich zeige Ihnen hiemit an, dass sich unsere Familie heute vor 3 Wochen um ein Mädchen vermehrt hat, dass alles gut abgelaufen ist und dass Mutter und Kind gesund und wohl sind. Und zwar gedenken wir es bald zu taufen, wissen aber noch nicht recht an welchem Sonntag, ob über 8 oder 14 Tage. So sind wir denn auf den guten Gedanken gekommen, Sie, lieber Herr Durheim, anzufragen, ob Sie wohl die Güte haben wollen, demselben Götti zu sein. Es ist mir lieb, wenn der Götti ein guter Berner ist, und dazu noch ein Maler. Es wird uns freuen, Sie am Tage der Taufe bei uns zu sehen, ich will dann dem Berthoud schreiben, dass er komme, hat er ja doch einmal dies Amt bei uns übernommen.»

Anker im Bericht der Gottfried-Keller-Stiftung 1895, S.10:
«Er hatte bei seinen Lehrern die Malerei gut erlernt, konnte gut und exakt zeichnen, hatte ein scharfes Auge, eine sichere Hand, und es sind eine Anzahl Studien, die so gut sind, als sie irgend einer machen kann. Er war kein Poet, malte aber, was er sah, mit besonderem Geschick. Seine Intérieurs sind mit einer Genauigkeit wiedergegeben, die bewunderungswürdig ist. Namentlich malte er in Kirchen, des heiligen Grabes, der Armenier. Der Platz war eng, der Zudrang gross, der Platz dunkel, und so sass er auf seinem Stuhl und arbeitete, musste aber in der linken Hand ausser der Palette noch eine Kerze halten.»

Rudolf Durheim: Kirche des Hl. Grabes in Jerusalem (Kapelle der Armenier). 1854
Kunstmuseum Bern/Gottfried-Keller-Stiftung

Ehrmann, François   Strassburg 1833–1910 Paris

François Ehrmann: Selbstbildnis. 1904

Studium der Architektur. *Ab 1857* Malstudium im Atelier Gleyre in Paris (gleichzeitig mit Anker, Dumont, Hirsch u.a.). Er lässt sich später endgültig in Paris nieder. *1862* Studienreise mit Anker in Italien. *1863* stellt er zum erstenmal im Salon aus. *1870* Sanitätsdienst im französisch-preussischen Krieg («six semaines sans quitter ses habits» schreibt Anker an Dumont), dann längerer Aufenthalt in der Schweiz. *1879* erster Preis «des Gobelins», was u.a. zur Ausführung von drei grossen Tapisserien führt: «Les Arts, les Lettres et les Sciences dans l'Antiquité, au Moyen Age et à la Renaissance». Aufenthalte in der Schweiz (z.B. Sommer 1886, 1893, 1896).

Anker an Ehrmann am 1.12.1893:
«Je te porte envie pour le tableau que tu mets en train; tu as foi dans ce que tu fais et marches d'aplomb au-devant du résultat que tu sais devenir très bon. C'est là le bonheur de la vie: la paix dans la maison et un travail qui vous occupe fort et qui plaît aux autres, il n'y a rien de mieux.»

Anker an Dumont in Genf am 17.10.1870:
«Y a-t-il moyen d'avoir une femme aux formes passables et qui veuille bien dévoiler ses appas devant le peintre le plus pudibond du monde?»

Anker an seine Enkelin D. am 10.4.1910:
«Il me semble que depuis sa mort je n'ai plus rien à faire ici.»

François Ehrmann: Die Schweiz schützt das besiegte Strassburg. 1870
Musée d'Art et d'Histoire Neuchâtel/Geschenk des Künstlers

Hirsch, Alexandre-Auguste   Lyon 1833–1912 Paris

Anker an die Tante am 7.3.1863:
«... beau garçon noir, gai et spirituel, bon musicien, habile et adroit dans tous les exercices; on le dit parfait danseur ...»

1851–1854 an der Ecole des Beaux-Arts in Lyon. *Um 1857* an der Ecole des Beaux-Arts in Paris bei H. Flandrin und im Atelier Gleyre; Beginn der Freundschaft mit Anker, Ehrmann, Berthoud und anderen Schweizer Künstlern. *1868–1873* haben Hirsch und Anker ein gemeinsames Atelier. *1872* Aufenthalt in Südfrankreich mit Anker (Ende März, Anfang April). Reise nach Venedig; auf der Rückfahrt besucht er Anker in Ins. *In den 80er Jahren* malt Hirsch einen alten Rabbiner. «Je suis content d'apprendre que vous avez vendu le vieux Rabbin; je suis étonné seulement que ce ne soit pas arrivé plus tôt; il était charmant, ce vieux», schreibt ihm Anker 1890; der Standort dieses Werkes ist unbekannt. Anker verkauft 1882 und 1887 je einen Fayence-Teller – «vieux rabbin, fond brique» – vermutlich nach dem Modell von Hirsch gemalt, war doch Hirsch – wie Anker in einem Brief präzisiert – Jude. *1896* in Biel mit Anker und mit Ehrmann.

Anker an die Tante am 7.3.1863:
«Il peint des choses antiques avec une pureté de style parfaite et me semble avoir une brillante carrière devant lui.»

Alexandre-Auguste Hirsch: Kalliope unterrichtet Orpheus in Musik. 1865
Musée du Périgord, Périgueux

Hodler, Ferdinand   Bern 1853–1918 Genf

Ferdinand Hodler (Fotografie)

1871 zieht er nach Genf und wird Schüler von Barthélemy Menn. *1878/79* Aufenthalt in Madrid. *1881* wird sein Selbstbildnis «Der Zornige» im Salon de Paris ausgestellt. *1891* Skandal in Genf um «Die Nacht»; im Salon de Paris wird das Bild vor allem von Puvis de Chavannes gerühmt. *1897* erster Preis beim Wettbewerb für die Ausmalung der Waffenhalle im Schweizerischen Landesmuseum in Zürich («Rückzug von Marignano»); die Ausführung verzögert sich bis 1900. *1897* mit Anker, Koller usw. Mitglied der Jury für die Zulassung der Werke von Schweizer Künstlern zur VII. Internationalen Kunstausstellung in München (siehe Umschlag des Katalogs). *1901* erwirbt der Staat Bern für das Kunstmuseum «Die Nacht», «Der Tag», «Die enttäuschten Seelen» und «Eurhythmie» – die vier «Ehren-Hodler». *1904* erhält Hodler den Hauptsaal an der Wiener Secession-Ausstellung.

Anker an Ehrmann am 16.5.1898:
«Je reviens de Berne où j'ai passé deux jours toujours pour nos affaires de Beaux-Arts: il s'agissait de voir une décoration pour le Musée historique de Zurich. On avait confié le travail à Hodler, dont le nom est peut-être parvenu jusqu'à toi, c'est un sauvage faisant l'art le plus cru, mais qui a souvent des éclairs; les gens prudents ne voulaient pas accepter son travail, mais la grande majorité l'a trouvé bien à cause de qualités réelles.»

Anker an Davinet, Inspektor des Berner Kunstmuseums, am 29.1.1901 (vgl. «Berner Kunstmitteilungen» Nr. 204, März/April 1981):
«J'ai vu dans le temps à Genève de ses premiers dessins faits en concours, déjà là on se disputait, car les uns disaient que c'était très bien, les autres tout juste le contraire. Le temps démontrera s'il devient chef de file ou si le beau zèle sera le néant.»

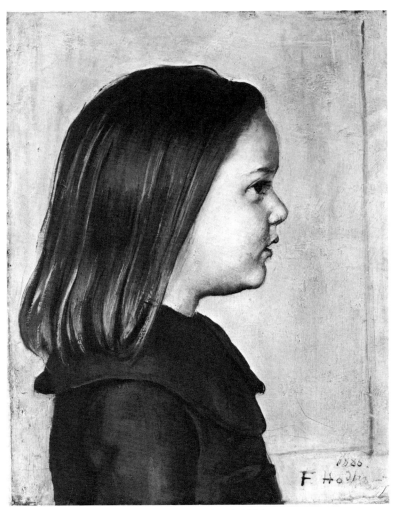

Ferdinand Hodler: Bildnis Albertine Bernhard. 1886
Kunstmuseum Bern

Hunziker, Edouard Biel 1827–1901 Florenz

Alfred Dumont:
Bildnis Edouard Hunziker. Stans 1865
Musée d'Art et d'Histoire Genève/
Legs Alfred Dumont

1845 in Neuenburg Heirat mit einer wohlhabenden Engländerin. Tod der Gattin im selben Jahr. *1860* Aufenthalt in Karlsruhe; Beginn der Freundschaft mit Hans Thoma; 1870 und 1886 sind sie zusammen in Italien. *1861* Heirat mit einer Berner Apothekerwitwe. *1865* besuchen ihn Anker und Dumont in Stans. *1872* Übersiedlung nach Italien.

Anker aus Stans an seine Frau im August 1865:
«Voilà trois jours que nous soupons chez Hunziker, sa femme vient parfois à la chapelle où nous travaillons et cause avec nous; elle est française et heureuse de se dérouiller la langue ...
Le pays n'est pas pittoresque, le paysage vaudrait mieux à Muntschemier, par exemple. Certains intérieurs cependant sont remarquables. Conduits par Hunziker, nous sommes allés dans quelques vieilles maisons où les boiseries de 1520 sont parfaitement conservées et entretenues, ainsi que les fourneaux qui sont de véritables monuments grands et beaux. On montre la maison de Winkelried qui est aussi bien qu'une maison de Nuremberg. Certains morceaux anciens sont intacts.»

Anker aus Siena an seine Familie am 19.5.1887:
«J'ai une jolie chambre avec vue sur la ville et le grand campanile dont je suis tout voisin. Ici demeure Hunziker, mon vieux camarade, qui a fait mon portrait jeune; ce portrait est encore à la chambre de la tante. Partout, je me suis informé de sa demeure, je suis allé à sa recherche au municipio et ne peux rien découvrir. Je lui ai écrit dans l'espoir que la poste serait plus heureuse que moi, mais en vain. Et je vais repartir sans l'avoir revu. Je croyais qu'il serait facile à trouver, il demeure ici depuis 15 ans.»

Edouard Hunziker: Alter Berner
Früher im Bundeshaus; Standort unbekannt

Iguel, Charles-François-Marie   Paris 1827–1897 Genf

Um 1844 an der Ecole des Beaux-Arts in Paris, bei François Rude. *1848–1872* stellt er im Salon aus. *1870* nimmt er an der Verteidigung von Paris teil. Niederlassung und Einbürgerung in Neuenburg; er übersiedelt später nach Genf. Um *1887* hält er sich in Rom auf.

A. de Meuron an Zelger am 27.1.1874:
«Un sculpteur de talent, français, et ami d'Anker et de Bachelin, M. Iguel, s'est fixé à Neuchâtel; il y est naturalisé. Il a fait six statues pour les façades du Gymnase, et maintenant on est en train d'élever à notre réformateur Farel une grande statue en face du porche de l'église du Château, sur l'esplanade nouvellement débalayée ...»

Anker an Ehrmann im Sommer 1874:
«Iguel est quelquefois à la hauteur des grands portraitistes.»

Anker aus Rom an seine Familie am 10.3.1887:
«En voiture, je vois passer Iguel, je descends le saluer et lui dis que je reviens le soir. L'atelier du monsieur est rempli de statues qu'il exécute en marbre. C'était charmant. – Le soir je vais au théâtre avec M. et Mme Iguel et son praticien, un Malatesta descendant du Paul de Françoise de Rimini.»

Charles Iguel: Büste Karl Girardet (Ausschnitt)
Musée d'Art et d'Histoire Neuchâtel

Jacot-Guillarmod, Jules   La Chaux-de-Fonds 1828–1889 St-Blaise

Schüler von Barthélemy Menn in Genf mit Friedrich Simon. *1850* Eintritt ins Atelier Gleyre in Paris, gleichzeitig wie Bachelin; sie wohnen beide in der rue de Vaugirard. *1853* stellt er zum erstenmal in Neuenburg aus. *1861* Reise nach Ungarn. *1863/64* Aufenthalt in Transsylvanien (Ungarn) und in der Walachei (Rumänien). *1864–1873* ist er als Zeichenlehrer am «Collège» in La Chaux-de-Fonds tätig. *1872* Reise nach Transsylvanien. *1873* Niederlassung in St-Blaise. *1889*, nach seinem Tod, schätzen Anker und Berthoud seinen künstlerischen Nachlass (26.10.).

Anker an die Tante am 12.3.1861:
«Jacot Guillarmod qui a rapporté de bons tableaux de la Hongrie est ici depuis quelques jours. Il a déposé son ouvrage chez moi. Avant-hier, il prit froid et garde le lit aujourd'hui; le médecin dit que ce pourrait être un commencement de pneumonie; il paraît que le climat de Paris ne lui a jamais été salutaire.»

Jules Jacot-Guillarmod: Pferdefuhrwerk in der Walachei (Rumänien)
Musée d'Art et d'Histoire Neuchâtel

Kaiser, Edouard La-Chaux-de-Fonds 1855–1931 La Chaux-de-Fonds

Edouard Kaiser um 1890 (Fotografie)

Schüler von J. Jacot-Guillarmod und von William Hirschy (beide Gleyre-Schüler). *Ab 1879* Zeichnungslehrer am Collège primaire, an der Ecole d'Art usw. *1886* nimmt er zum erstenmal an der Ausstellung der Société des Amis des Arts in La Chaux-de-Fonds teil.
Anker an Kaiser am 4.7.1893:
«... Et puisque j'ai l'occasion de vous écrire, je vous félicite pour les bons et braves tableaux que vous avez eus l'année passée et cette fois-ci (2. Nationale Kunstausstellung der Schweiz im Kunstmuseum Bern 1892, anlässlich deren die Eidgenossenschaft Kaisers «Atelier de Graveur» erworben hat – Anker war Mitglied der Jury –, bzw. XXVe Exposition de la Société des Amis des Arts in Neuenburg 1893). C'est du bon et beau travail et il faut continuer dans cette voie qui me semble la bonne et l'unique bonne ... On fait aujourd'hui des choses d'un aspect agréable, des choses vite vues, et quand vous en analysez le dessin, c'est faible ... mais c'est le dessin qui est la base de tout et qui mérite de le rester.»

Edouard Kaiser: Stecher-Atelier. 1892
Musée d'Art et d'Histoire La Chaux-de-Fonds/Schweizerische Eidgenossenschaft

Koller, Rudolf   Zürich 1828–1905 Zürich

Rudolf Koller (Fotografie)

1846–1848 an der Akademie in Düsseldorf bei Carl Ferdinand Sohn (wie ein paar Jahre vorher Albert de Meuron); er wohnt mit Böcklin zusammen. *1847* Studienreise mit Böcklin in Belgien. *1847–1848* in Paris; zeitweise mit Böcklin. *1850* in München. *1851* Beginn der Freundschaft mit Robert Zünd und Ernst Stückelberg. *1862* erwirbt er in Zürich ein Haus. Er kämpft von Anfang an mit Buchser zusammen für die Kunstförderung durch die Eidgenossenschaft. *1868–1869* Italienreise. *1898* grosse retrospektive Ausstellung in Zürich (427 Werke) und Ehrendoktor der Universität Zürich aus Anlass seines 70. Geburtstages.

Koller an Stückelberg im Oktober 1867 (Anker hatte in Zürich «Die Gemeindeversammlung», 1865, ausgestellt):
«Wir haben hier die schweizerische Turnusausstellung ... Ausser einigen wenigen Bildern, Böcklin, Zünd, Anker, hat's wenig Erfreuliches.»

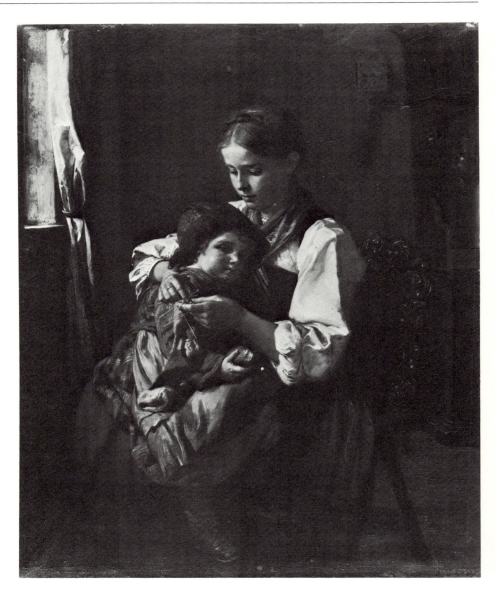

Rudolf Koller: Strickerin. 1861
Musée d'Art et d'Histoire Neuchâtel

de Meuron, Albert — Neuenburg 1823–1897 Neuenburg

Fritz-Ulysse Landry: Büste Albert de Meuron Detail. Musée d'Art et d'Histoire Neuchâtel

1841–1845 an der Akademie in Düsseldorf bei Carl Ferdinand Sohn. *1845–1849* in Paris, Schüler von Gleyre; *ab 1850* an der Ecole des Beaux-Arts. *1849–1853* ist er öfters in Brienz mit E. und K. Girardet, Dietler, Moritz, Vautier und anderen. *Ab 1853* wieder längere Aufenthalte in Paris; er verkehrt mit Anker, Berthoud und anderen. *Ab 1860* Aufenthalte auf der Bernina, *1864* mit Anker zusammen. *1866* erste Reise nach Italien. Sein Haus in Corcelles wird zu einem Treffpunkt der Neuenburger Künstler; er spielt eine wichtige Rolle bei der Gründung und beim Ausbau des Kunstmuseums von Neuenburg. *Ab 1889* Mitglied der Eidgenössischen Kunstkommission.

de Meuron am Ostermontag 1859:
«... Anker a exposé (au Salon) un tableau qui a du succès, une *Ecole*. Il y a bien du talent, et le sujet est fait pour amuser le public. J'en suis très heureux pour lui. Du reste, ceux dont le talent les porte naturellement à cela doivent réussir nécessairement, car c'est ce que le commun du public demande avant tout.»

Anker an die Tante am 7.3.1863:
«Je vois souvent Meuron et Berthoud. Meuron a fait un très joli tableau d'un motif de Vevey, mais il n'a pas assez ménagé son temps pour les tableaux plus grands qu'il a entrepris.»

Albert de Meuron: Bernina-Pass. 1861–1864
Musée d'Art et d'Histoire Neuchâtel

Moser, Karl Baden 1860–1936 Zürich

Karl Hänny: Bildnis Prof. Karl Moser
Kunstmuseum Bern

1878–1882 Architekturstudium an der ETH Zürich, *1883/84* an der Ecole des Beaux-Arts in Paris. *1887* erste Studienreise in Italien, wo er mit Anker aquarelliert. *1888–1915* eigenes Architekturbüro in Karlsruhe. *Ab 1915* Lehrtätigkeit an der ETH Zürich.

*Anker aus Rom an seine Frau
am 1.5.1887:*
«Pendant la journée j'ai fait de l'aquarelle en compagnie d'un extrêmement gentil architecte de Bade: M. Moser, un garçon très instruit qui fait des dessins et des aquarelles partout et rapportera quantité de choses. Nous étions d'abord dans deux églises, puis auprès des bateaux du Tibre et enfin à St-Onofrio...»

*Anker an Davinet
am 3. bzw. 8.12.1893:*
«A quand l'inauguration de l'Eglise de la Lorraine (à Berne)? J'ai beaucoup connu à Rome l'architecte Moser à Carlsruhe, si je savais l'y trouver, j'irais bien à cette cérémonie ...» – und fünf Tage später: «C'eut été un plaisir pour moi de voir la fête et le vieil ami M. Moser dont j'ai gardé un si bon souvenir depuis Rome. Faites lui bien mes amitiés s'il vous plaît. J'espère bien voir encore une fois dans le monde cette tête chérie!»

Karl Moser: Rom. Santa Maria in Campitelli
Kunsthaus Zürich

Oliva, Alexandre Joseph   Saillagouse (Pyrénées-Orientales) 1823–1890 Paris

Künstlerische Ausbildung bei J.-B. Delestre in Paris. *Ab 1849* Beteiligung am Salon; *1852* Auszeichnung, ebenso in den Jahren 1855, 1857, 1859, 1861, 1863.

Anker an die Tante am 13.10.1861:
«Le soir (du vendredi-saint), selon la coutume qui date de 1855, j'allai avec le sculpteur Oliva, au service de Notre-Dame. Le père Félix y prêche et toute la communauté assemblée chante un Stabat ...»

Anker an Hirsch am 13.10.1907:
«Balzac disait que les poètes et les artistes poussent au midi de la Loire. J'ai bien connu notre Oliva, il y aurait une lacune dans ce monde-ci, ceux-là n'existaient pas.»

Alexandre Oliva:
Büste St-Vincent-de-Paul (1576–1660). 1872
Musée de Sculpture, Lyon

Robert, (Léo-)Paul   Ried bei Biel 1851–1923 Orvin

Paul Robert: Selbstbildnis. Detail

Neffe von Léopold Robert, Sohn von Aurèle, Vater von Paul-Théophile und von Paul-André, alle Maler. *Ab 1869* Schüler von Julius Naue an der Münchner Akademie. *1872/73* mit Naue in Florenz. *1875–1882* im Winter in Paris, im Sommer in Ried wohnhaft; Schüler von Léon Gérôme an der Ecole des Beaux-Arts. *1883/84* Aufenthalt in Palästina; er publiziert seine Erlebnisse in einer Schrift: «En Terre Sainte». *1884* endgültige Rückkehr nach Ried. *1894* Mitglied der Eidgenössischen Kommission der Gottfried-Keller-Stiftung.

Anker an Robert am 18.10.1899:
«Mon cher collègue et ami, c'est avec plaisir que j'apprends votre décision de passer l'hiver à Florence; j'espère de tout mon cœur que ces vacances vous feront du bien, seront un bon repos et que vous reviendrez rafraîchi et en train. Mais il est une chose que je vous souhaite aussi, c'est un peu plus de tranquillité. En Suisse, les gens vous mettent à toutes sauces, vous surchargent de travail; de plus, il en est qui viennent vous tirailler et vous harceler, de sorte que c'est moins le travail que ce tiraillement perpétuel qui, à la lettre, vous assomme. On devrait avoir un cerbère à sa porte et le lâcher sur l'intrus. Je vous conseille aussi de manger davantage, le sang s'appauvrit avec une nourriture trop peu abondante; d'autre part, je vous fais la recommandation de St-Paul à Timothée: ‚Ne continue pas à boire de l'eau, mais use d'un peu de vin, à cause de ton estomac et de tes fréquentes indispositions.' De plus, à Fiésole et à Florence, le vin est si bon, c'est le pays du Chianti, si renommé pour ses belles qualités.»

Anker an Davinet am 17.12.1902:
«Ce n'est pas avec plaisir que je viens vous donner une réponse négative sur les deux points de votre lettre. D'abord le tableau de Robert; je n'ose pas le revendre, je ne suis pas marchand de tableaux, je n'oserais pas faire du bénéfice avec le tableau d'un confrère. Moi je l'avais acheté du beau-père de Robert, M. de Rütté qui était mon cousin issu de germain. A ce moment Robert était à Jérusalem (Winter 1883/1884, Red.) où il est allé, n'ayant parlé de son projet qu'à sa femme, je sais qu'on craignait alors qu'il n'eut le même sort que son frère a eu depuis, que la lame n'use le fourreau et qu'il se détraque.»

Paul Robert: Frühlingsanfang. 1881
Musée d'Art et d'Histoire Neuchâtel/Schenkung Frau Albert Anker 1910

Simon, Friedrich Bern 1828–1862 Hyères

Johann Friedrich Dietler:
Bildnis Friedrich Simon. 1863
Kunstmuseum Bern/
Bernische Kunstgesellschaft

1839–1844 Privatstunden im Zeichnen bei Friedrich Dietler. *1845–1847* Anfang der künstlerischen Ausbildung beim Bildhauer Max Widnmann in München und an der Akademie. *1847–1849* bei Barthélemy Menn in Genf, daselbst Beginn der Freundschaft mit Jacot-Guillarmod. *1849–1851* bei Gleyre in Paris, gleichzeitig wie Bachelin. *Ab 1851* wiederholte Aufenthalte in Hyères, wo er Erholung von der Lungenkrankheit sucht. *1858/59* Aufenthalt in Rom, wo er mit Stückelberg zusammen wohnt.

Anker an Bachelin am 5.10.1888 (Anker macht diese Angaben für einen sich in Vorbereitung befindenden Aufsatz von Bachelin über Simon, erschienen in: Bibliothèque Universelle et Revue Suisse, tome XLIII, 1889, p.538ff.; tome XLIV, 1889, p.84ff.):
«Quant aux souvenirs personnels sur Simon, je sais seulement ce qui arriva à Berne au moment où il y exposa en 1851 et 1852. Un de ses tableaux représentait une diligence dans la nuit: on la voyait en silhouette noire dans un ciel déjà sombre; les chevaux lancés au galop étaient éclairés par la lanterne du conducteur. C'était très fantaisiste et plein de vie. J'y ai vu aussi le tableau qui est chez M. Favre. Le père Christen et moi, nous étions navrés qu'on ne voulût rien acheter. Tout cela nous semblait superbe et avoir plus de nouveauté que les beaux paysages à ciel pur qui venaient de Genève. N'oublie pas non plus d'ajouter l'histoire que je t'ai racontée à propos des études rapportées de Rome par Simon. En commençant, Simon avait copié quelque Michel-Ange, et Raphaël; mais, petit à petit, il lâcha les musées pour peindre ce qu'il voyait dans les rues et surtout dans les villages. Il y dessina des animaux, tous les animaux, depuis les chevaux jusqu'aux cochons et aux poules. Tu as vu de ces beaux dessins ... Quand M. B. vit ces croquis et ces dessins rapportés de la ville éternelle, il tomba presque en syncope. Rapporter des poules et des cochons de Rome! et non pas des Romulus et des pères éternels!»

Friedrich Simon: Strickendes Mädchen (Ölstudie). Um 1860
Kunstmuseum Bern

Stückelberg, Ernst   Basel 1831–1903 Basel

Ernst Stückelberg: Selbstbildnis. 1888
Galleria degli Uffizi, Firenze

1849/50 Beginn der künstlerischen Ausbildung bei Dietler in Bern. *1850–1852* an der Akademie in Antwerpen bei Gustav Wappers. *1852/53* kopiert er im Louvre in Paris Velasquez, Corregio, Rembrandt u.a. *1853–1856* Aufenthalt in München. *1856* erhält er für die «Stauffacherin» an der Schweizerischen Kunstausstellung in Bern die silberne Medaille. *1857–1859* in Rom; mit Böcklin, Koller, Simon u.a. befreundet. *1860* Rückkehr in die Schweiz; nunmehr in Zürich wohnhaft, *ab 1867* in Basel. Zahlreiche Reisen im In- und Ausland. *1883* zum Doctor honoris causa der Universität Zürich ernannt. *1901* grosse retrospektive Ausstellung in der Kunsthalle Basel anlässlich seines 70. Geburtstages.

Obschon Stückelberg mit Bachelin, Berthoud, de Meuron und andern Freunden von Anker gut befreundet war, scheint zwischen Anker und Stückelberg keine Beziehung bestanden zu haben, weder menschlichen noch künstlerischen Charakters.

Ernst Stückelberg: Kindergottesdienst. 1864
Detail. Kunstmuseum Basel

Vautier, Benjamin   Morges 1829–1898 Düsseldorf

Benjamin Vautier: Selbstbildnis. 1888
Galleria degli Uffizi, Firenze

Vautier und Anker sind sich in der Themenwahl – doch nicht in der Vortragsweise – verwandt. Bei Vautier steht die mehrfigurige Genrekomposition viel mehr im Vordergrund als bei Anker; Vautier schildert das deutsche Bauernleben sowie das bürgerliche Interieur. 1858 waren sie ungefähr gleichzeitig, vermutlich aber unabhängig voneinander, im Schwarzwald.

1847 Schüler von Hébert in Genf. *1850* Eintritt in die Kunstakademie Düsseldorf in die Malklasse von Carl Ferdinand Sohn (wie früher Böcklin, Koller und de Meuron), dann bei Rudolf Jordan. *1853* in Genf und im Berner Oberland. Auf Anregung von Karl Girardet beginnt er sich für das heimische Brauchtum zu interessieren. *1856* in Paris. *1857* endgültige Niederlassung in Düsseldorf. *1858* Aufenthalt im Schwarzwald zusammen mit Ludwig Knaus (1829–1910). *1863* wünscht Christian Bühler, Inspektor des Bernischen Kunstmuseums, «es möchte die Künstlergesellschaft dem gediegenen und rühmlichst bekannten Schweizer Künstler Vautier ein Gemälde bestellt oder ein vielleicht fertiges abgekauft werden» (Protokoll vom 5.5.1863): So kommt das gerade verfügbare «Tischgebet», eine Schwarzwälder Bauernszene, nach Bern.

Benjamin Vautier: Die Nähschule. 1859
Galerie G. Paffrath, Düsseldorf

Zünd, Robert   Luzern 1827–1909 Luzern

Anker: Bildnis des Malers Robert Zünd. 1861

1847 Malunterricht bei Jakob Zelger in Stans. *1848–1850* Schüler von François Diday und Alexandre Calame in Genf. *1851* in München; Beginn der Freundschaft mit Koller. *1852* zum erstenmal in Paris; Bekanntschaft mit Anker und mit Buchser. *1860* Reise nach Dresden. *1861* porträtiert ihn Anker im Juni in Paris (das einzige Künstlerbildnis in Öl von Anker). *1863* endgültige Niederlassung in Luzern. *1890* Mitglied der Aufnahmejury der Ersten Nationalen Kunstausstellung der Schweiz im Kunstmuseum Bern (der Jury gehören auch Anker, Berthoud, Böcklin und andere an). *1906* Ehrendoktor der Universität Zürich.

Robert Zünd: Hirtenhof. Um 1870

Verzeichnis der ausgestellten Werke

Die mit einem * gekennzeichneten Werke Ankers werden – zusätzlich zur ursprünglichen Auswahl – im Kunstmuseum Winterthur gezeigt. Werke ohne Besitzerangaben befinden sich in Privatbesitz.

Albert Anker (1831–1910)

1 Stehender weiblicher Akt, um 1857
Aquarell, 29,8 × 16,9 cm
Kunstmuseum Bern

2 Luther im Kloster von Erfurt, 1861
Oel auf Leinwand, 81 × 65 cm
Kunstmuseum Bern / Leihgabe der Burgergemeinde Bern
Abb. S. 68

3 Sonntagnachmittag, 1862
Oel auf Leinwand, 82 × 65 cm
Musée d'Art et d'Histoire Neuchâtel
Abb. S. 69

4 Mädchen, Hühner fütternd, 1865
Oel auf Leinwand, 66 × 51 cm
Musée d'Art et d'Histoire Neuchâtel

5 Böckligumpen, 1866
Oel auf Leinwand, 63 × 81 cm
Museum zu Allerheiligen, Schaffhausen
Abb. S. 60

*6 Bildnis einer jungen Frau, 1867
Oel auf Leinwand, 110 × 75 cm
Kunstmuseum Solothurn / Einwohnergemeinde Solothurn

7 Der Trinker (Un pauvre homme), 1868
Oel auf Leinwand, 69 × 52 cm
Kunstmuseum Bern

*8 Die Marionetten, 1869
Oel auf Leinwand, 23,5 × 34 cm

9 Die Ährenträgerin, um 1870
Fayence, 84 × 42 cm
Dr. Mark Studer, Muri bei Bern

*10 Die Heimkehr des Soldaten von 1830, 1872
Oel auf Leinwand, 60 × 87 cm
Musée des Beaux-Arts, La Chaux-de-Fonds

*11 Neuer Wein und Nüsse, 1875
Oel auf Leinwand, 41 × 52 cm

*12 Mädchen mit Hampelmann (Marie Anker), um 1875
Oel auf Holz, 35,5 × 30 cm
Kunstmuseum Bern

*13 Die Gerechtigkeitsgasse in Bern, um 1875
Oel auf Leinwand, 37,5 × 45,5 cm
Öffentliche Kunstsammlung Basel

*14 Der Dorfschneider, um 1876
Oel auf Leinwand, 53 × 42 cm
Kunstmuseum Solothurn / Kunstverein Solothurn

15 Kaffee und Cognac, um 1877
Oel auf Leinwand, 34,5 × 46 cm
Kunstmuseum Winterthur
Abb. S. 71

*16 Die Turnstunde, um 1878
Oel auf Leinwand, 96 × 147,5 cm

*17 Brustbild eines Mädchens mit Hut, um 1880
Oel auf Leinwand, 47 × 39 cm

18 Marie Anker, die Tochter des Malers, 1881
Oel auf Leinwand, 81,2 × 65 cm
Kunstmuseum Bern

19 Der Reformator
Fayence, Ø 29 cm
Abb. S. 67

20 Bei der Lampe
Aquarell, 18,5 × 33,5 cm
Kunsthaus Zürich

21 Berner Bauer beim Abendschoppen
Aquarell, 34,6 × 24,6 cm
Kunsthaus Zürich

*22 Kartoffelernte bei Ins, 1885
Oel auf Leinwand, 21 × 32 cm
Stiftung Oskar Reinhart, Winterthur

23 Strickendes Mädchen, 1884
Oel auf Leinwand, 65 × 46,5 cm
Abb. S. 65

24 Mädchen, die Haare flechtend, 1887
Oel auf Leinwand, 70,5 × 54 cm

*25 Die Ziviltrauung, 1887
    Oel auf Leinwand, 76,5 × 127 cm
    Kunsthaus Zürich
    Abb. S. 21

26 Mündung des Rubikons, 1887
    Aquarell, 11 × 14 cm
    Abb. S. 66

27 Weg oberhalb Ligerz, 1888
    Aquarell, 13,7 × 18,5 cm
    Kunstmuseum Bern

28 Schlafender Knabe im Heu, um 1890
    Oel auf Leinwand, 55 × 71 cm
    Öffentliche Kunstsammlung Basel

29 Der Geltstag, 1891
    Oel auf Leinwand, 89,5 × 140,5 cm
    Abb. S. 57 und 72

30 Brustbild Walter Stucki, um 1891
    Oel auf Leinwand, 41,5 × 31 cm

31 Die Andacht des Grossvaters, 1893
    Oel auf Leinwand, 63 × 92 cm
    Kunstmuseum Bern

*32 Die Kinderkrippe, um 1894
    Oel auf Leinwand, 61 × 112 cm

33 Zwei schlafende Mädchen auf dem Ofentritt, 1895
    Oel auf Leinwand, 55,5 × 71,5 cm
    Kunsthaus Zürich
    Abb. S. 47

*34 Kaffee, Milch und Kartoffeln, um 1896
    Oel auf Leinwand, 42 × 52 cm
    Kunstmuseum Bern

35 Tee und Schmelzbrötchen, um 1896
    Oel auf Leinwand, 51 × 42 cm

36 Kaffee und Kartoffeln, um 1896
    Oel auf Leinwand, 51 × 42 cm

37 Mädchen mit Korb
    Kohle, 58 × 43 cm
    Kunsthaus Zürich

38 Bildnis Marie Heuberger-Rüfenacht, 1899
    Oel auf Leinwand, 67 × 51 cm
    Abb. S. 70

39 Bildnis Hans Heuberger, 1899
    Oel auf Leinwand, 67 × 51 cm

*40 Kleinkinderschule auf der Kirchenfeldbrücke, 1900
    Oel auf Leinwand, 76 × 127 cm
    Kunstmuseum Bern / Depositum der Gottfried-Keller-Stiftung

41 Selbstbildnis, um 1903
    Oel auf Leinwand, 48 × 38 cm
    Kunstmuseum Bern

42 Alte Frau, 1907
    Aquarell, 35 × 25 cm

43 Alter Mann, 1907
    Aquarell, 35 × 25 cm

44 Lesender Knabe, 1907
    Aquarell, 35,5 × 25,3 cm

Auguste Bachelin (1830–1890)

45 Daniel Jeanrichard verspricht 1679 einem Reisenden, die Uhr zu reparieren, 1880
    Oel auf Leinwand, 95 × 128 cm
    Musée d'Art et d'Histoire Neuchâtel
    Abb. S. 86

François Bocion (1828–1890)

46 Das Sommerfest der Fischergesellschaft bei Ouchy, 1870
    Oel auf Leinwand, 62,5 × 76 cm
    Société Vaudoise de Navigation, Lausanne
    Abb. S. 88

Arnold Böcklin (1827–1901)

47 Bildnis Wilhelmine Lippe-Rumpf, 1849
    Oel auf Leinwand, 35,5 × 27,5 cm
    Kunstmuseum Basel

47a Salome mit dem Haupte Johannes des Täufers, 1891
    Oel auf Holz, 61 × 50 cm
    Kunstmuseum Bern

Frank Buchser (1828–1890)

48 General William Tecumsen Sherman, Oberkommandierender der Armee der Nordstaaten im amerikanischen Sezessionskrieg, 1869
    Oel auf Leinwand, 138 × 102,5 cm
    Kunstmuseum Bern / Schweizerische Eidgenossenschaft
    Abb. S. 90

49 The Song of Mary Blane, 1870
    Oel auf Leinwand, 103,5 × 154 cm
    Kunstmuseum Solothurn / Gottfried-Keller-Stiftung

John Dalton (1792–1842)

50 Bernisches Landmädchen, 1832
    Kohle, 114,5 × 87,5 cm
    Kunstmuseum Bern
    Abb. S. 39

Johann Friedrich Dietler (1804–1874)

51 Kinder von Iseltwald, 1839
    Oel auf Leinwand, 60 × 51 cm
    Kunstmuseum Bern / Staat Bern
    Abb. S. 46

52 Bildnis Rudolf von Effinger von Wildegg, 1871
    Oel auf Leinwand, 108 × 79 cm
    Kunstmuseum Bern

Alfred Dumont (1828–1894)

53 Alter Mann mit Pfeife, 1865
    Bleistift, 34 × 24 cm
    Musée d'Art et d'Histoire Genève / Collection de la Société des Arts
    Abb. S. 91

54 Die Familie Anker, 1870
    Bleistift, 9 × 13,5 cm
    Musée d'Art et d'Histoire Genève / Collection de la Société des Arts
    Abb. S. 29

55 Häusliche Szene (Etude d'après nature), 1872
Oel auf Leinwand, 43 × 33 cm
Kunstmuseum Bern

François Ehrmann (1833–1910)

56 Die Schweiz schützt das besiegte Strassburg, 1870
Oel auf Leinwand, 62 × 80 cm
Musée d'Art et d'Histoire Neuchâtel
Abb. S. 93

57 Cheminée in Blois
Bleistift und Aquarell, 35 × 28 cm

Sigmund Freudenberger (1745–1801)

58 Frau am Spinnrad
Kolorierte Umrissradierung, 21,1 × 18,6 cm
Kunstmuseum Bern
Abb. S. 36

59 Frau, Wolle windend
Kolorierte Umrissradierung, 26,4 × 18,6 cm
Kunstmuseum Bern

Karl Gehri (1850–1922)

60 Der Botaniker
Oel auf Leinwand, 50 × 61,2 cm
Kunstmuseum Bern

Edouard Girardet (1819–1880)

61 Die Versteigerung, um 1840
Gestochen von Charles Girardet, 1843
Musée d'Art et d'Histoire Neuchâtel
Abb. S. 56

62 Der väterliche Segen, 1842
Oel auf Leinwand, 65 × 92 cm
Musée d'Art et d'Histoire Neuchâtel

Karl Girardet (1813–1871)

63 Bäuerin
Bleistift, 17,3 × 10,5 cm
Kunstmuseum Bern

Charles Gleyre (1806–1874)

64 Herkules zu Füssen der Omphale, 1863
Oel auf Leinwand, 145 × 110 cm
Musée d'Art et d'Histoire Neuchâtel
Abb. S. 82

Konrad Grob (1828–1904)

65 Vorbereitung zur Hochzeit, 1878
Oel auf Leinwand, 97 × 117 cm
Kunstmuseum St. Gallen

66 Der Sackpfeifer, 1882
Oel auf Leinwand, 86 × 76,5 cm
Musée d'Art et d'Histoire Neuchâtel

Ferdinand Hodler (1853–1918)

67 Bildnis Albertine Bernhard, 1886
Oel auf Leinwand, 36,5 × 27,5 cm
Kunstmuseum Bern
Abb. S. 95

Gustave Jeanneret (1847–1927)

68 Das Gläschen, 1884
Oel auf Leinwand, 103 × 73 cm
Musée d'Art et d'Histoire Neuchâtel

Edouard Kaiser (1855–1931)

69 Die Grossmutter
Oel auf Leinwand, 50 × 73 cm
Musée d'Art et d'Histoire Neuchâtel

Rudolf Koller (1828–1905)

70 Strickerin, 1861
Oel auf Leinwand, 61 × 49,5 cm
Musée d'Art et d'Histoire Neuchâtel
Abb. S. 100

Gabriel Lory, Sohn (1784–1846)

71 Bildnis Frédéric Wilhelm Moritz, um 1810
Kreide, 29 × 23,4 cm
Kunstmuseum Bern

Albert de Meuron (1823–1897)

72 «Le quart d'heure de Rabelais», 1851
Oel auf Leinwand, 21 × 24 cm
Musée d'Art et d'Histoire Neuchâtel

73 Volkstümliche Szene im Baskenland, 1872
Oel auf Leinwand, 105 × 145 cm
Musée d'Art et d'Histoire Neuchâtel

Frédéric Wilhelm Moritz (1783–1855)

74 Zuric. Trachtenbild, 1824
Handkolorierte Aquatinta aus: Costumes suisses ... von G. Lory, Sohn, und F. W. Moritz, Neuenburg 1824, 21,5 × 15,5 cm
Kunstmuseum Bern
Abb. S. 79

75 Bauernhaus im Berner Oberland
Aquarell, 27,4 × 41,7 cm
Kunstmuseum Bern
Abb. S. 78

76 Der Zeitgeist in der Küche, 1850
Aquarell über Bleistift, 32,2 × 40,8 cm
Kunstmuseum Bern

William Röthlisberger (1862–1943)

77 Die immer treue, alte Magd, 1890
Oel auf Leinwand, 150 × 115 cm
Musée d'Art et d'Histoire Neuchâtel

Friedrich Simon (1828–1862)

78 Bildnis Frau Simon-Niederer, Tante des Künstlers, 1849
Schwarze und weisse Kreide, 29,8 × 23,7 cm
Kunstmuseum Bern

79 Frau an der Wiege
Schwarze Kreide, 11 × 15,6 cm
Kunstmuseum Bern

80 Strickendes Mädchen, um 1860
(Studie zu «Die Grossmutter»)
Oel auf Leinwand, 33,3 × 29 cm
Kunstmuseum Bern
Abb. S. 105

Karl Stauffer (1857–1891)

81 Bildnis der Mutter des Künstlers, 1885
Oel auf Leinwand, 46 × 38 cm
Kunstmuseum Bern / Staat Bern

Friedrich Stirnimann (1841–1901)

82 Die beiden Alten, 1897
Oel auf Leinwand, 71 × 93 cm
Kunstmuseum Luzern
Abb. S. 59

Ernst Stückelberg (1831–1903)

83 Bildnis Rudolf Kollers Söhnlein, 1860
Oel auf Leinwand, 55,5 × 46 cm
Kunsthaus Zürich
Abb. S. 49

84 Kindergottesdienst, 1864
Oel auf Leinwand, 67 × 83 cm
Kunstmuseum Basel
Abb. S. 106

Benjamin Vautier (1829–1898)

85 Das Tischgebet, 1863
Oel auf Leinwand, 75,3 × 102,4 cm
Kunstmuseum Bern

86 Bauer vor Gericht
Oel auf Leinwand, 111 × 182 cm
Musée d'Art et d'Histoire Genève

Louis Wallinger (1819–1886)

87 Marktplatz in St. Immer, 1845
Aquarell, 29,5 × 50 cm
Banque Cantonale de Berne, St-Imier
Abb. S. 80

88 Ansicht von St. Immer
Aquarell, 31 × 50,5 cm

89 Ruinen der Abtei Lys
Bleistift, 27,5 × 25 cm
Kunstmuseum Bern
Abb. S. 81

Friedrich Walthard (1818–1870)

90 Wollkartnerin, 1854
Oel auf Leinwand, 54 × 45 cm
Abb. S. 37

Personenregister

Die kursiv gedruckten Seitenzahlen weisen auf die Biographien im dokumentarischen Teil hin.

Die mit * versehenen Seitenzahlen weisen auf entsprechende Abbildungen hin.

Bachelin 6, 8, 13, 28, 79, *82*, 82*, 88, 97, 105, 111
Baudelaire 13
Bazille 8, 9, 13
Bayot 6
Benner 18
Berthoud 9, 13, 28, *87*, 87*, 101
Bertrand 9
Bocion *88*, 88*, 111
Böcklin 28, *89*, 89*, 100, 111
Bonington 16
Bonnat 13, 22, 34
Bonvin 52
Born 64
Brion 18, 19*
Buchser 28, 30, *90*, 90*, 111
Bühler 107

Cabanel 13
Calame 34
Carolus Durand 13, 22
Cézanne 8, 11, 22
Chaplin 11
Chardin 5, 61
Christen 105
Clément 31, 82
Colin 18
Cordier 13
Corot 16
Courbet 8, 16

Dalton 35, 39*, 111
Davinet 95, 102, 104
Deck 9, 18, 22
Degas 13
Delacroix 16
Delaroche 8, 82
Dietler 34, 35, 44, 47*, 105*, 106, 111
Dumas 11
Dumont 9, 13, 16*, 29*, 31, *91*, 91*, 93, 96*, 111

Dünz 61, 62*
Durheim 31, *92*, 92*

Ehrmann 9, 16, 18, 23*, 89, *93*, 93*, 95, 112

Fantin-Latour 11, 13
Freudenberger 35, 36*, 112

Gehri 112
Gérôme 13
Girardet 56*, 97*, 107, 112
Gleyre 5, 8, 9, 13, 18, *82/83*, 82*, 83*, 87, 88, 112
Godet 31, 34, 80
van Gogh, Théo 18
van Gogh, Vincent 18, 34
Gosselin 13
Goupil 9, 16, 18, 22, 34
Greuze 35
Grob 112

Hamon 18
Hänny 102*
Hirsch 9, *94*, 94*, 103
Hirschy 99
Hodler 34, 35, 43*, 51*, *95*, 95*, 112
Holbein 34, 89
Hunziker 91, *96*, 96*

Iguel 13, *97*, 97*

Jacot-Guillarmod 8, *98*, 98*, 99, 105
Jeanneret 112
Jongkind 11

Kaiser 34, 35, 41*, *99*, 99*, 112
Karst 52
Knaus 18, 107
Koller 28, 89, *100*, 100*, 112
Kümmerly 90*

Landry 101*
La Roche-Ringwald 31
Lory 52, 54*, 112
Lucas 16, 18

Mallarmé 13
Manet 11, 12, 13, 14*, 16, 82
Monet 8, 9, 22
Martinet 16
Menn 95, 98, 105
Menzel 75

de Meuron 8, 13, 28, 97, 100, *101*, 101*, 112
Millet 11, 34
Monet 13
Monvoisin 80
Moritz *78/79*, 78*, 79*, 112
Moser *102*, 102*
van Muyden 87*

Oliva 13, *103*, 103*

Pissarro 8, 10, 11, 13
Poussin 53*
Puvis de Chavannes 10, 13, 95

Raphael 34
Renoir 9, 13, 22
Robert *104*, 104*
Röthlisberger 112
Rougemont 9
Rousseau 16
Roux 13

Simon 98, *105*, 105*, 112
Sisley 8, 9, 13
Sohn 100, 101, 107
Spitzweg 5
Stauffer 113
Stirnimann 59*, 113
Stückelberg 49*, 100, 105, *106*, 106*, 113
Suisse 8, 82

Thoma 96

Uhland 10

Vautier 5, 18, 20*, 52, 91, *107*, 107*, 113
Volmar 34, 89

Wallinger *80/81*, 80*, 81*, 113
Walthard 35, 37*, 113
Whistler 11, 13

Zahn 30, 31
Zola 13
Zünd 100, *108*, 108*

Inhalt

Vorwort 5

Seinerzeit in Paris 7

Seinerzeit in Ins 27

Zu den typischen Anker-Themen 33
Das Dreiviertelporträt 35
Das Kinderbildnis 44
Die mehrfigurige Komposition 52
Das Stilleben 61

Biographie Albert Anker 73

Dokumentation
Ankers drei Lehrer 77
Malerfreunde und Kommilitonen 85

Verzeichnis der ausgestellten Werke 109

Personenregister 114

Umschlagbild: Im Garten des Wettsteinhauses in Basel
am 21. April 1897 nach der Bildauswahl
für den Schweizer Saal der
Internationalen Ausstellung in München
(Archivfoto: Galerie Wolfensberger, Zürich)
Bild neben Titelseite: Anker in seinem Atelier 1907

Briefzitate, soweit nicht erstmals veröffentlicht,
sind folgenden Publikationen entnommen:
Quinche-Anker, Marie: Le peintre Albert Anker,
1831–1910, d'après sa correspondance. Bern 1924
Zbinden, Hans: Albert Anker in neuer Sicht. Bern 1961
Kuthy, Sandor: Anker über Berner Künstler; in: Berner
Kunstmitteilungen Nr. 204, März/April 1981

© 1981 Kunstmuseum Bern/Benteli Verlag Bern
Katalogbuch der Ausstellung «Anker in seiner Zeit»
Kunstmuseum Bern 1981, Kunstmuseum Winterthur 1982
Konzeption und Realisation von Ausstellung
und Katalog: Sandor Kuthy
Gestaltung: Benteliteam
Satz und Druck: Benteli AG, Bern
Printed in Switzerland
ISBN 3-7165-0397-5